토픽으로 잡는

똑똑한 초등 독해

6권

웅진주니어

토픽으로 잡는 똑똑한 초등 독해

독해력은 새로운 정보와 지식을 받아들이는 도구로서 학습 능력을 좌우하는 중요한 능력이에요. 단순히 글자를 읽는 것이 아니라 글에 담긴 글쓴이의 의도를 파악하고, 글을 통해 알게 된 내용을 생활에 활용하는 능력까지 포함해요. 독해력의 바탕은 세 가지예요. 첫째, 어휘력이에요. 어휘는 글의 기본 요소로, 어휘의 뜻을 모르면 글의 내용을 알 수 없어요. 따라서 어휘를 많이 알수록 독해력이 좋아져요. 둘째, 배경지식이에요. 배경지식이 풍부하면 글에 숨겨진 의도와 생각을 짐작할 수 있어, 글을 더 재미있고 효과적으로 읽을 수 있어요. 셋째, 글의 종류에 적합한 읽기 방법이에요. 글의 갈래에 따라 주제를 찾는 방법도 다르기 때문에 갈래마다 알맞은 읽기 방법을 알아야 해요. 「토픽으로 잡는 똑똑한 초등 독해」는 어휘, 배경지식, 갈래에 따른 읽기 방법을 익힐 수 있도록 구성했어요.

이 책의 특징

1 읽고, 이해하고, 알아 가는 즐거움이 있는 새로운 독해 프로그램!

낱낱의 주제를 가진 지문을 읽고 문제를 푸는 방식에서 벗어나 하나의 토픽을 중심으로 다양한 영역의 지문을 담았습니다. 토픽을 다양한 관점에서 살펴보고, 탐색하는 과정에서 읽고, 이해하고, 알아 가는 즐거움을 느낄 수 있어요.

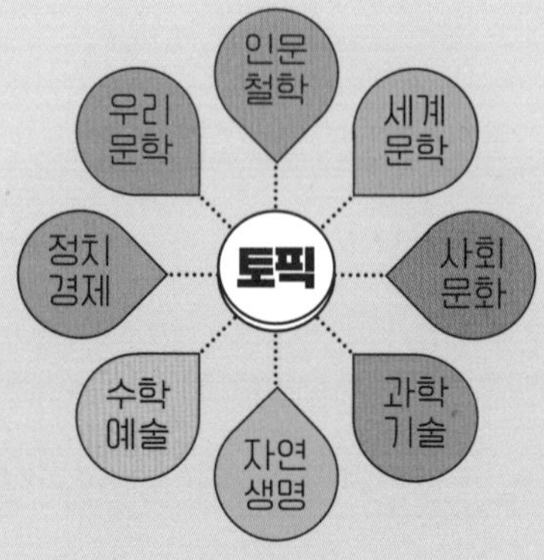

2 호기심을 자극하는 토픽으로 교과를 넘어 교양까지!

국어, 수학, 사회, 과학 등의 교과와 추천 도서에서 뽑은 인문, 철학, 사회, 문화, 자연, 과학, 수학, 예술 등 여러 영역을 아우르는 토픽을 통해 교과 지식은 물론 폭넓은 교양을 쌓을 수 있어요.

함께 공부할 친구들

하트
자연을 사랑하고
마음이 따뜻한 다정이

부키
항상 책을 끼고 다니며,
정보를 모으는 수집가

뉴뉴
신기하고 새로운 것을
좋아하는 호기심쟁이

스타
세상에서 음악과 친구가
제일 좋은 열정쟁이

드림
세상의 모든 아름다움을
마음에 담고 싶은 예술쟁이

3 꼬리에 꼬리를 물고 이어지는 글을 읽으며 독해력, 사고력, 표현력을 한 번에!

꼬리 물기 질문을 통해 독해 포인트를 알고 효과적으로 글을 읽을 수 있어요. 또 토픽에 대한 생각을 글로 표현하며 독해력과 사고력, 표현력을 키울 수 있어요.

4 글의 종류에 알맞은 핵심 질문을 통해 어떤 글도 자신 있게!

신화, 고전, 명작 등의 문학 글과 설명문, 논설문, 편지, 일기 등의 비문학 글까지 다양한 형식의 글을 접하고 읽는 즐거움을 경험해요. 여러 형식의 문제를 풀며 어떤 글이든 읽어 내는 자신감을 키워요.

5 독해력의 기초인 어휘력을 탄탄하게!

한자어, 합성어, 파생어, 유의어, 반의어, 상·하의어처럼 어휘 관계를 통해 어휘를 익히고, 관용 표현, 맞춤법도 배워요.

이렇게 공부해요!

1단계 흥미로운 토픽으로 생각의 문을 열다!

토픽에 관련한 다양한 질문을 읽으며 배경지식을 활성화하고, 학습 계획을 세워요!

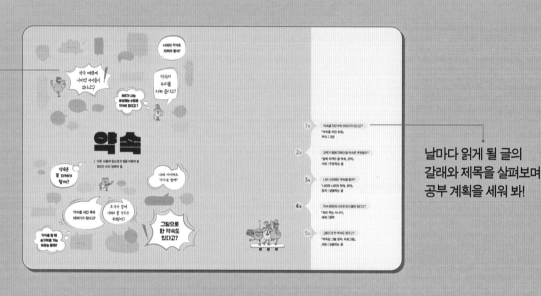

질문을 읽으며 토픽에 대해 알고 있는 것을 떠올려 봐! 아는 것을 많이 떠올릴수록 글을 더 잘 읽을 수 있어!

날마다 읽게 될 글의 갈래와 제목을 살펴보며 공부 계획을 세워 봐!

2단계 질문에 대한 답을 찾으며 생각을 키우다!

읽기 목표에 따라 글을 읽고, 질문을 통해 갈래에 알맞은 읽기 방법을 배워요!

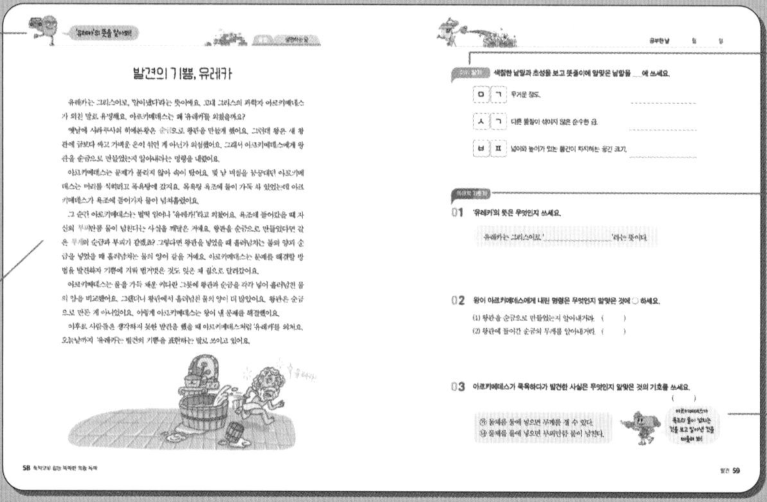

글에서 꼭 살펴야 할 내용이 무엇인지 먼저 보고, 읽기의 목표를 세워 봐!

뜻풀이를 보며 어휘를 맞혀 봐! 초성을 보면 쉽게 답을 찾을 수 있어!

글의 갈래에 따라 꼭 알아야 할 것을 묻는 문제야. 질문에 대한 답을 찾으며 독해력을 키워 봐!

곳곳에 도움을 주는 친구가 있어! 친구가 하는 말을 읽으면 문제가 술술 풀릴 거야!

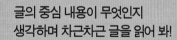

글의 중심 내용이 무엇인지 생각하며 차근차근 글을 읽어 봐!

3단계 다양한 어휘 활동과 토픽 한 줄 정리로 생각을 넓히다!

독해력의 기초인 어휘력을 탄탄히 다지고, 내 생각을 글로 표현해요!

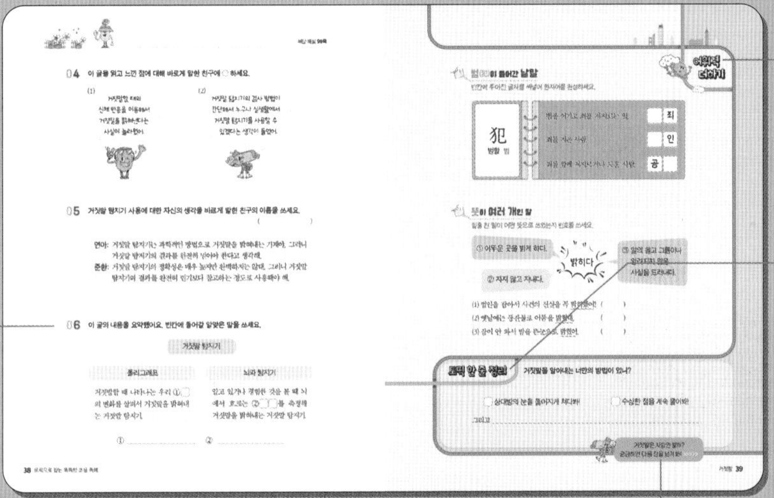

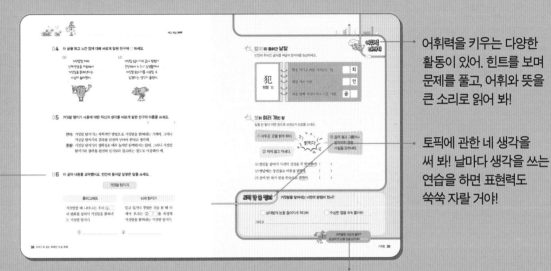

어휘력을 키우는 다양한 활동이 있어. 힌트를 보며 문제를 풀고, 어휘와 뜻을 큰 소리로 읽어 봐!

토픽에 관한 네 생각을 써 봐! 날마다 생각을 쓰는 연습을 하면 표현력도 쑥쑥 자랄 거야!

마지막 문제는 글의 내용을 정리하는 요약하기야. 빈칸을 채워 글을 완성하고, 큰 소리로 읽어 봐! 글의 내용을 기억하는 데 도움이 될 거야!

다음에 이어질 글의 내용을 짐작해 봐! 그리고 내가 짐작한 내용과 실제 글의 내용을 비교해 봐!

4단계 스스로 학습을 점검하며 생각을 다지다!

내가 알고 있는 것과 모르는 것을 구분하는 메타 인지를 훈련해요!

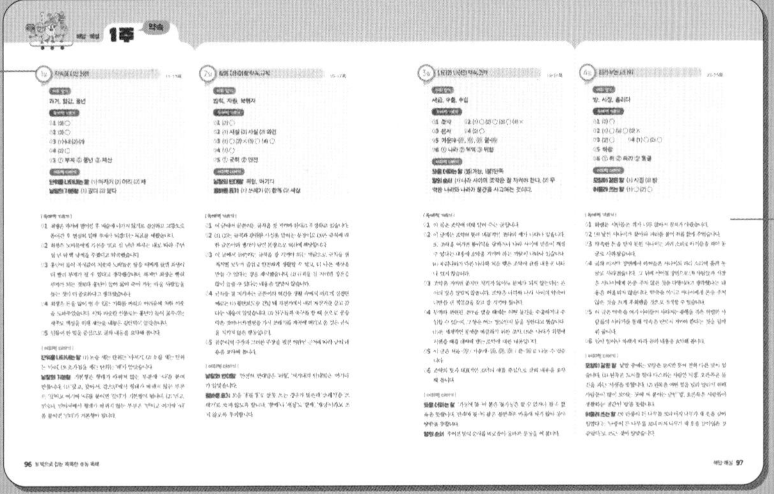

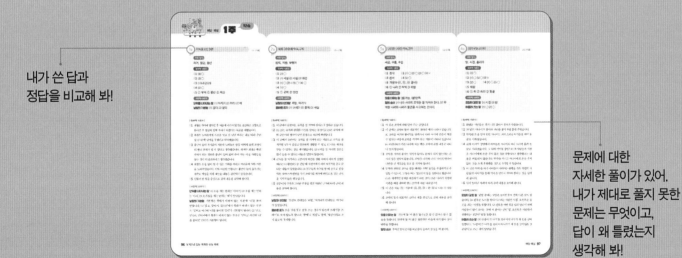

내가 쓴 답과 정답을 비교해 봐!

문제에 대한 자세한 풀이가 있어. 내가 제대로 풀지 못한 문제는 무엇이고, 답이 왜 틀렸는지 생각해 봐!

| 차례 |

1주 진짜 가짜

2주 축제

3주

시간

4주

별

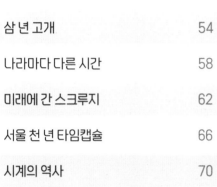

진짜와
가짜는 어떻게
구분할까?

사람들은
왜 가짜를
만들까?

가짜는
무조건 나쁠까?

진짜 가짜

| 거짓이 아닌 참된 것.

| 진짜인 것처럼 꾸민 것.

진짜가
가짜보다
좋은 이유는
무엇일까?

가짜가 많아지면
무슨 일이 생길까?

진짜와 가짜가
나오는 이야기가
있을까?

가짜 인간도
있을까?

나와 똑같은
가짜가 있다면
어떨까?

사람이 된 쥐

옛날에 서 첨지 영감이 손톱 발톱을 깎아서는 꼭 마루 밑에 버려. 마루 밑에는 수백 년 묵은 쥐가 살았는데, 그때마다 손톱 발톱을 날름날름 받아먹지. 하루는 서 첨지가 나갔다 들어오니 자기랑 똑같은 사람이 방 안에 떡 버티고 있는 거야.

"아니, 네놈은 누군데 남의 집에 함부로 들어오느냐?"

"너야말로 누군데 남의 방을 함부로 차지하고 앉았느냐?"

서 첨지가 따지자, 가짜가 냅다 서 첨지의 멱살을 잡아. 엎치락뒤치락 다투는 소리에 식구들이 몰려와서 놀라 자빠지지.

"아이고, 마누라! 얘들아, 내가 진짜 너희 아버지다!"

서 첨지가 부인과 아들, 며느리를 붙잡고 하소연했어. 그러자 부인이 누가 진짜인지 가려내자며 문제를 내.

"우리 집 창고에 농기구가 몇 개요?"

서 첨지는 우물쭈물하는데, 창고가 제집인 가짜에게는 식은 죽 먹기지.

"괭이가 다섯 개, 삼태기가 세 개, 호미가 여섯 개요."

"그럼, 장독간의 장독들은 어찌 되오?"

"간장독 둘에 된장 독이 둘, 고추장 독 하나에 나머진 김칫독이오."

가짜 입에서 답이 술술 나와.

"이분이 진짜 아버지고, 저놈은 가짜다!"

부인과 아들, 며느리가 가짜를 진짜라 하고, 서 첨지를 내쫓지 뭐야.

"아니, 얘들아. 어찌 아버지도 못 알아보느냐? 마누라, 내가 진짜 당신 영감이오!"

서 첨지는 애가 타서 사정했지만 꼼짝없이 쫓겨났어. 분통이 터져 가슴을 치고 데굴데굴 굴렀지만 어떡해. 할 수 없이 서 첨지는 이리저리 떠돌며 다녔더래.

어휘 알기 색칠한 낱말과 초성을 보고 뜻풀이에 알맞은 낱말을 ___에 쓰세요.

| ㅁ | ㅅ | 싸울 때 손으로 잡는, 상대의 목 아래에 여민 옷깃. | ________ |

| ㅅ | ㅌ | ㄱ | 흙이나 거름 등을 담아 나르는 데 쓰는 도구로, 짚 따위로 엮어 만든 것. | ________ |

| ㅎ | ㅅ | ㅇ | ㅎ | ㄷ | 억울한 일이나 잘못된 일을 말하다. | ________ |

독해력 기르기

01 서 첨지와 똑같은 모습이 된 가짜는 원래 무엇이었는지 쓰세요.

수백 년 묵은 [ ]

02 서 첨지가 겪은 일로 알맞은 것에 모두 ○ 하세요.

(1) 부인과 크게 말다툼을 했다. ( )
(2) 자신과 똑같은 사람이 나타났다. ( )
(3) 가짜 서 첨지가 미안해하며 집을 떠났다. ( )
(4) 가짜 서 첨지라는 오해를 받으며 집에서 쫓겨났다. ( )

03 가족들이 진짜 서 첨지가 누구인지 알아내기 위해 한 일은 무엇인가요? ( )

① 부인의 버릇이 무엇인지 말해 보라고 했다.
② 농기구와 장독이 몇 개인지 묻는 문제를 냈다.
③ 가족들만 알 수 있는 비밀을 말해 보라고 했다.
④ 서 첨지의 말투와 행동이 평소와 같은지 살펴보았다.
⑤ 진짜 서 첨지와 가짜 서 첨지의 생김새를 비교해 보았다.

04 이 글을 읽고 서 첨지의 가족에 대해 바르게 말하지 <u>못한</u> 친구의 이름을 쓰세요.

( )

윤슬: 가족들이 진짜와 가짜를 가리는 문제를 잘못 냈다고 생각해. 창고에 농기구가 몇 개 있는지 외우지 못할 수도 있잖아.

정연: 가족들이 너무 성급하게 가짜를 가려낸 것 같아. 더 오랫동안 지켜보면서 진짜 서 첨지가 누구인지 신중하게 가려냈어야지.

희원: 가족들이 서 첨지를 너무 함부로 대했다고 생각해. 아무리 가짜라고 생각했더라도 그렇게 때리며 내쫓으면 안 되지.

05 서 첨지가 앞으로 어떻게 살아갈지 알맞게 예측하지 <u>못한</u> 친구에 ○ 하세요.

(1)

억울하게 집에서 쫓겨난 채로 살 수는 없으니, 가짜를 쫓아낼 방법을 찾으려고 노력할 것 같아.

(2)

자신과 똑같은 가짜가 나타난 이유를 알아보려고 했을 것 같아.

(3)

가족들에게 화내며 집을 나온 것이 미안해서 다시는 집으로 돌아가지 않을 것 같아.

06 이 글의 내용을 요약했어요. 빈칸에 들어갈 알맞은 말을 쓰세요.

어느 날 서 첨지와 똑같이 생긴 가짜가 나타났다. 서 첨지와 가짜는 서로가 진짜라고 우기며 싸웠고, 이 모습을 본 ①☐☐들은 누가 ②☐☐인지 가려내자며 문제를 냈다. ③☐☐가 술술 답을 말하자, 가족들은 가짜를 진짜라고 생각하며 서 첨지를 집에서 쫓아냈다.

① ______________ ② ______________ ③ ______________

어휘력 더하기

꾸며 주는 말

빈 곳에 들어갈 알맞은 말을 쓰세요.

냅다	몹시 빠르고 세찬 모양.
엎치락뒤치락	여러 번 엎치었다 뒤치었다 하는 모양.
날름날름	혀, 손 따위를 자꾸 내밀었다 집어넣었다 하는 모양.

(1) 아이들이 ______________ 몸싸움을 했다.

(2) 아기가 음식을 ______________ 받아먹는다.

(3) 그는 기분이 나빠서 공을 ______________ 걷어찼다.

헷갈리는 말

알맞은 말에 ○ 하세요.

애
'아이'를 줄인 말.
예 많은 애들이 달려왔다.

VS

얘
'이 아이'를 줄인 말.
예 얘야, 넌 누구니?

가까이 있는 어떤 아이를 가리키며 말할 때는 '얘'를 써야 해.

(1) (얘들아 , 애들아), 같이 놀자!

(2) 선생님께서 어떤 (애를 , 얘를) 혼내셨다.

(3) 엄마, (애들이 , 얘들이) 제 친구들이에요.

토픽 한 줄 정리

가짜 엄마가 나타난다면 진짜 엄마를 어떻게 가려낼까?

☐ 엄마 냄새 맡기 ☐ 나와 엄마만의 비밀 확인하기 ☐ ______________

왜냐하면 ______________________________

가짜는 다 나쁜 걸까?
궁금하면 다음 장을 넘겨 봐! >>>>>

진짜보다 좋은 가짜

보통 '가짜'라고 하면 좋지 않다고 여겨요. 진짜가 아닌 것을 진짜인 척 꾸며서 남을 속이는 경우가 많으니까요. 하지만 진짜만큼 좋은 가짜도 있어요.

'가짜 고기'는 콩이나 밀과 같은 재료로 고기의 맛과 모양을 흉내 내어 만든 것으로 '식물성 고기'라고도 해요. 고기를 먹지 않는 사람들이 고기 맛을 느낄 수 있도록 만든 것이지요. 우리가 진짜 고기 대신 가짜 고기를 많이 먹으면, 식량 부족 문제를 해결하는 데 도움이 돼요. 고기를 얻으려면 가축을 키워야 하고, 가축을 키우려면 사료를 생산할 넓은 논과 밭이 필요하지요. 하지만 가축의 수를 줄이면 사료를 키우던 논과 밭에서 식량을 생산할 수 있어요. 또 가축들의 배설물이 줄어들어 환경 오염도 줄일 수 있어요.

'가상 현실'도 좋은 가짜 중 하나예요. 가상 현실이란, 컴퓨터 기술을 이용해 현실이 아닌 공간이나 상황을 실제처럼 보이고 느낄 수 있게 만든 것을 말해요. 가상 현실은 다양한 분야에서 활용되고 있어요. 특히 실제와 비슷한 상황을 만들어 훈련을 할 때 큰 도움이 돼요. 소방관들이 훈련을 위해 진짜 불을 낼 수는 없잖아요? 하지만 가상 현실을 이용하면 진짜로 불이 난 것과 비슷한 상황에서 훈련할 수 있어요. 우주 비행사들은 우주에 가지 않고도 우주와 비슷한 환경에서 훈련할 수 있고요.

가짜라고 다 나쁜 건 아니에요. 식물성 고기나 가상 현실처럼 우리에게 필요한 가짜도 있어요. 그러니 진짜만큼 좋은 가짜를 잘 이용하면 좋겠죠?

어휘 알기 색칠한 낱말과 초성을 보고 뜻풀이에 알맞은 낱말을 ___에 쓰세요.

ㄱ ㅊ	소, 닭, 돼지, 말 등 집에서 기르는 짐승.	________
ㅎ ㅅ	현재 실제로 존재하는 사실이나 상태.	________
ㅂ ㅅ ㅁ	똥, 오줌, 땀처럼 생물이 몸 밖으로 내보내는 물질.	________

독해력 기르기

01 이 글은 무엇에 대해 설명하는 글인지 빈칸에 알맞은 말을 쓰세요.

진짜만큼 좋은 ☐☐가 있다고 알려 주는 글이다.

02 이 글에서 좋은 가짜의 예로 든 것을 모두 골라 ○ 하세요.

식물성 고기 가축 컴퓨터 가상 현실

03 이 글에서 말한 식물성 고기가 좋은 이유로 알맞은 것을 모두 고르세요.

(, ,)

① 식량 부족 문제를 해결할 수 있다.

② 진짜 고기를 더 많이 먹게 할 수 있다.

③ 사료를 키우던 논과 밭에서 식량을 생산할 수 있다.

④ 진짜 고기인 척 사람들을 속일 수 있다.

⑤ 가축들의 배설물이 줄어들어 환경 오염을 줄일 수 있다.

04 다음 빈칸에 공통으로 들어갈 수 있는 말을 쓰세요. (   )

> 소방관은 □□ □□을 이용하여 진짜로 불이 난 것과 비슷한 상황에서 훈련할 수 있다. 우주 비행사는 □□ □□ 덕분에 우주에 가지 않고도 우주와 비슷한 환경에서 훈련할 수 있다.

05 이 글을 읽고 진짜만큼 좋은 가짜에 대한 예를 알맞게 말하지 <u>못한</u> 친구의 이름을 쓰세요. (   )

> **지율:** 다른 나라의 유명한 건축물들을 비슷하게 만들어 놓은 테마파크에 가면 다른 나라에 직접 가지 않아도 그 나라를 경험할 수 있어서 좋아.
>
> **서유:** 햇볕을 충분히 쬐어야 잘 자라는 식물에게 햇볕 역할을 하는 엘이디(LED) 조명을 켜 주면 식물이 잘 자란대.
>
> **효진:** 가짜 석유를 파는 주유소가 있대. 가짜 석유는 차를 망가뜨릴 수 있어서 조심해야 해.

06 이 글의 내용을 요약했어요. 빈칸에 들어갈 알맞은 말을 쓰세요.

가짜는 좋지 않다고 여기지만, 진짜만큼 좋은 가짜도 있다.

식물성 고기	가상 현실
식물성 고기는 ①□□ 부족 문제를 해결하고, ②□□ 오염을 줄이는 데 도움이 된다.	소방관이나 우주 비행사가 실제와 비슷한 상황을 ③□□ 현실로 만들어 훈련하는 데 이용된다.

① ______________ ② ______________ ③ ______________

어휘력 더하기

뜻을 더하는 말

빈칸에 알맞은 말을 쓰세요.

식물 정확 적극 동물 + -성

-성: 어떤 낱말 뒤에 붙어 '성질'의 뜻을 더한다.

식 물 성	□ □ 성	□ □ 성
식물에서만 볼 수 있는 고유한 성질을 지닌 것.	동물에서만 볼 수 있는 고유한 성질을 지닌 것.	바르고 확실한 성질이나 정도.

모양이 같은 말

밑줄 친 말의 뜻을 찾아 선으로 이으세요.

(1) 아이가 배가 아픈 척을 했다. •　　• ㈎ 전혀 망설이지 않고 선뜻 행동하는 모양.

(2) 아빠가 지갑에서 돈을 척 꺼냈다. •　　• ㈏ 그럴듯하게 꾸미는 거짓 태도나 모양.

'척'이 각 문장에서 어떤 뜻으로 쓰였는지 생각해 봐!

토픽 한 줄 정리

진짜 같은 가짜에 대한 너의 의견은?

□ 가짜가 진짜보다 더 좋아!　　□ 가짜가 꼭 필요할 때 이용하면 좋지!

왜냐하면 ______________________________

일부러 가짜를 만든 주인공이 나오는 이야기가 있대. 궁금하면 다음 장을 넘겨 봐! >>>>>

손오공의 재주

저승에 찾아간 손오공은 죽은 이들의 이름이 적힌 명부에서 자신의 이름을 멋대로 지워 버렸어요. 저승의 왕인 염라대왕은 손오공의 잘못을 옥황상제에게 일러바쳤어요.

"손오공이 못된 짓만 한다고 여기저기서 불만이 가득합니다."

옥황상제는 재주가 뛰어난 손오공과 싸워 봤자 당해 낼 수 없으니 차라리 벼슬을 줘서 달래려고 했어요. 하지만 손오공은 벼슬이 마음에 들지 않는다며 거절하고 인간 세상으로 내려갔어요. 옥황상제는 화가 나서 부하인 나타 태자에게 당장 손오공을 붙잡아 오라고 했어요.

대군을 이끌고 붉은 산으로 내려온 나타 태자는 세 개의 머리, 여섯 개의 팔이 달린 괴물로 모습을 바꾸었어요. 그리고 여섯 개의 팔로 손오공을 마구 공격했어요. 나타 태자의 공격을 받아치던 손오공은 얼른 그 괴물과 똑같은 모습으로 변신했어요. 똑같이 싸우니까 승부가 나지 않았어요.

"변해라!"

손오공이 털 한 가닥을 뽑아 외치자, 그 털이 손오공으로 바뀌었어요. 나타 태자는 자신의 앞뒤로 서 있는 손오공들을 노려보았어요.

'너무도 똑같아 누가 진짜인지 알 수 없군.'

나타 태자가 주춤대자 앞에 있던 손오공이 공격했어요. 나타 태자는 손오공의 공격에 맞서 싸웠지요. 뒤에 있는 손오공은 공격하려다가 멈칫대기만 했어요.

'저 녀석은 신경 쓸 것도 없군.'

나타 태자는 뒤에 있는 손오공이 가짜라고 생각해 앞의 손오공을 공격하려고 몸을 돌렸어요. 그때 뒤에 있던 손오공이 여의봉을 힘껏 휘둘렀어요. 나타 태자의 팔이 뚝뚝 부러졌지요. 나타 태자는 비명을 지르며 하늘로 도망치고 말았어요.

어휘 알기 색칠한 낱말과 초성을 보고 뜻풀이에 알맞은 낱말을 ___에 쓰세요.

| ㅂ | ㅅ | 나랏일을 맡아 다스리는 자리 또는 일. | ________ |

| ㄷ | ㄱ | 병사의 수가 많은 군대. | ________ |

| ㅂ | ㅇ | ㅊ | ㄷ | 다른 사람의 공격이나 말 따위에 대응하는 말이나 행동을 하다. | ________ |

독해력 기르기

01 이 글에 대한 설명으로 알맞지 않은 것은 무엇인가요? (　　　)

① 이 이야기의 주인공은 손오공이다.
② 이 이야기는 실제 일어날 수 있는 일을 쓴 것이다.
③ 이 이야기에는 염라대왕, 옥황상제 같은 신들이 나온다.
④ 이 이야기에는 신비한 능력을 지닌 등장인물들이 나온다.
⑤ 손오공과 나타 태자가 대결을 벌인 장소는 붉은 산이다.

02 이 글의 내용으로 알맞으면 ○, 알맞지 않으면 × 하세요.

(1) 손오공은 옥황상제의 부하이다. (　　　)
(2) 손오공은 나타 태자를 이기지 못한다. (　　　)
(3) 손오공은 하늘나라와 인간 세상을 오갈 수 있다. (　　　)
(4) 손오공은 털을 뽑아 자신과 똑같은 가짜를 만들 수 있다. (　　　)

03 이 글에 대한 감상을 알맞게 말하지 못한 친구에 ○ 하세요.

(1) 자신과 똑같은 가짜를 자유롭게 만들 수 있는 손오공의 재주가 부러워. 손오공은 두려울 게 없을 것 같아.

(2) 손오공이 자신과 똑같은 가짜를 만들어 싸움에서 옥황상제를 이기다니 정말 놀라웠어.

(3) 손오공에게 남다른 재주가 있어서인지 자만하는 태도가 느껴져. 그래서 다른 이들의 미움을 산 것 같아.

04 손오공이 한 일과 그 결과를 알맞게 짝 지어 선으로 이으세요.

(1)	손오공이 나타 태자와 똑같은 모습으로 변신하여 싸움. •	• ㈎	손오공이 나타 태자를 이김.
(2)	손오공이 털을 뽑아 가짜 손오공을 만들어 싸움. •	• ㈏	승부가 나지 않음.

05 이 글의 내용을 요약했어요. 빈칸에 들어갈 알맞은 말을 쓰세요.

손오공이 옥황상제의 벼슬을 거절하고 ①□□ 세상으로 내려가자, 옥황상제는 나타 태자에게 손오공을 잡아 오라고 명령했다. 나타 태자와 대결하던 손오공은 자신의 ②□을 뽑아 가짜 손오공을 만들었다. 두 명의 손오공은 앞뒤에서 나타 태자를 공격했다. 결국 나타 태자는 ③□에 있던 손오공의 공격에 팔이 부러져 하늘로 도망쳤다.

① ____________ ② ____________ ③ ____________

어휘력 더하기

뜻이 비슷한 말

뜻이 비슷한 말끼리 선으로 이으세요.

주춤대다 자꾸 망설이며 머뭇거리다. •	• 둔갑하다 몸이 감추어지거나 다른 것으로 바뀌다.
변신하다 몸의 모양이나 태도 따위를 바꾸다. •	• 멈칫대다 어떤 일을 자꾸 망설이다.
맞붙다 싸움이나 내기에서 서로 상대하여 겨루다. •	• 겨루다 서로 버티어 승부를 다투다.

단위를 나타내는 말

빈 곳에 알맞은 말을 쓰세요.

벌　옷을 세는 단위.
가닥　한군데서 갈려 나온 낱낱의 줄이나 줄기 따위를 세는 단위.

(1) 아빠가 다리털 한 ______________을 뽑았다.

(2) 엄마가 예쁜 옷 한 ______________을 사 주셨다.

대상에 따라 단위를 나타내는 말이 달라서 주의해서 써야 해.

토픽 한 줄 정리

손오공과 같은 능력이 생기면 어떻게 할래?

☐ 나를 여러 명 만들 거야!　☐ 나랑 똑같은 사람은 만들지 않을 거야!

왜냐하면 ____

가짜로 만든 인간이 있다고?
궁금하면 다음 장을 넘겨 봐! >>>>>

가상 인간이 많아져도 괜찮을까?

사회자 기술의 발달로 우리 사회에 가상 인간이 늘어나고 있습니다. 가상 인간은 실제 인간이 아닌, 컴퓨터 기술로 만든 가상의 인간을 뜻해요. 실제 사람과 비슷하게 만들어져 가수와 아나운서 등으로 폭넓게 활동하고 있지요. 여러분은 가상 인간이 앞으로 더 많아지는 것에 대해 어떻게 생각하나요?

해영 저는 아주 긍정적으로 봅니다. 가상 인간은 시간, 장소에 상관없이 언제 어디서든 활동할 수 있습니다. 가상 인간 아나운서는 전쟁터 한가운데에서도 안전하게 뉴스를 전할 수 있지요. 또 혼자 사는 사람이나 노인들에게 상냥한 말벗이 되어 줄 수도 있어요. 가상 인간의 활용성은 앞으로 무궁무진하기 때문에 적극적으로 이용해야 해요.

호준 ㉠저는 별로 바람직하지 않다고 봅니다. 사람들은 완벽한 모습의 가상 인간을 보며 가상 인간이 실제 인간보다 더 가치 있고 멋지다는 생각을 할 수 있어요. 가상 인간과 자신을 비교하며 스스로에게 불만을 느끼고 불행해질 수 있어요. 또한 가상 인간은 나쁜 쪽으로도 이용될 수 있어요. 실제 인물의 얼굴이나 신체 등을 허락 없이 합성하여 만든 가상 인간을 이용해 범죄를 저지를 수도 있어요. 가상 인간이 범죄를 저질러도 처벌할 수 있는 규정이 아직 부족하기 때문에 가상 인간이 늘어난다면 큰 문제가 생길 수 있어요.

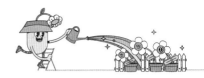

어휘 알기 색칠한 낱말과 초성을 보고 뜻풀이에 알맞은 낱말을 ___에 쓰세요.

ㅎ ㅅ 둘 이상의 것을 합쳐서 하나를 이룸. ______

ㅁ ㅂ 함께 이야기할 만한 친구. ______

ㄱ ㅈ ㅈ 바람직한 것. ______

독해력 기르기

01 해영과 호준의 의견으로 알맞은 것을 각각 선으로 이으세요.

(1) 해영 • • (가) 가상 인간이 많아지는 것이 좋지 않다고 생각한다.

(2) 호준 • • (나) 가상 인간이 많아지는 것이 좋다고 생각한다.

02 해영이 자신의 의견을 뒷받침하기 위해 말한 것으로 알맞으면 ○, 알맞지 않으면 × 하세요.

(1) 가상 인간 아나운서는 언제, 어디서든 뉴스를 전할 수 있다. (   )

(2) 가상 인간은 혼자 사는 노인들에게 상냥한 말벗이 되어 줄 수 있다. (   )

(3) 가상 인간은 다른 사람의 얼굴이나 신체를 몰래 이용하여 만들 수 있다. (   )

03 호준이 ㉠과 같이 생각한 까닭으로 알맞은 것에 ○ 하세요.

(1) 가상 인간이 범죄에 이용될 수 있어서 (　　)

(2) 완벽한 모습의 가상 인간과 실제 자신을 비교하며 자신감을 가질 수 있어서 (　　)

04 이 글을 읽고, 해영이나 호준의 의견을 바르게 평가하지 못한 친구에 ○ 하세요.

(1) 가상 인간을 긍정적으로 생각한 해영의 의견에 동의해. 인간이 하기 힘든 일을 가상 인간이 해 주면 좋을 것 같아.

(2) 가상 인간을 더 가치 있게 생각할 수 있다는 호준의 의견에 동의해. 완벽한 가상 인간을 보면 실제 인간이 초라해 보일 거야.

(3) 가상 인간이 범죄에 이용될 수 있다는 호준의 의견에 반대해. 가상 인간을 나쁘게 이용하는 사람은 당연히 한 명도 없을 거야.

05 이 글의 내용을 요약했어요. 빈칸에 들어갈 알맞은 말을 쓰세요.

가상 인간이 많아져도 괜찮을까?

- ①□□ 인간은 시간, ②□□에 상관없이 언제 어디서든 활동할 수 있고, 사람들에게 도움을 줄 수 있다는 점에서 긍정적이다.
- 가상 인간이 사람을 불행하게 만들 수 있고, 가상 인간을 나쁘게 이용한 ③□□가 일어날 수 있다는 점에서 부정적이다.

① ____________ ② ____________ ③ ____________

어휘력 더하기

뜻이 비슷한 말

다음 낱말과 뜻이 비슷한 낱말을 모두 찾아 ○ 하세요.

보기

가상 인간은 전쟁터 한가운데에서 뉴스를 전할 수 있다.

한가운데

공간, 시간, 상황 따위의 바로 가운데.

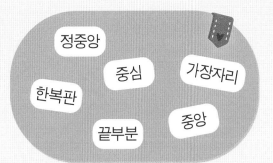

정중앙 / 중심 / 가장자리 / 한복판 / 중앙 / 끝부분

어울려 쓰는 말

문장이 알맞으면 ⓞ, 알맞지 않으면 ⊠에 ○ 하세요.

(1) 나는 지금 기분이 별로 좋지 않다. ⓞ ⊠

(2) 환자의 증세가 별로 나아지고 있다. ⓞ ⊠

(3) 가상 인간을 처벌할 수 있는 규정이 별로 없다. ⓞ ⊠

(4) 치마가 별로 예쁘지 않다. ⓞ ⊠

'별로'는 '않다', '없다'처럼 부정을 뜻하는 말과 함께 쓰여.

토픽 한 줄 정리

가상 인간에 대한 너의 의견은?

☐ 가상 인간이 많아져도 돼!　☐ 가상 인간이 많아지면 안 돼!

왜냐하면 ____________________

반드시 막아야 하는 가짜는 무엇일까? 궁금하면 다음 장을 넘겨 봐! >>>>>

진짜와 똑같은 가짜를 막는 일

'위조'란 다른 사람을 속일 목적으로 어떤 물건을 진짜처럼 꾸며서 만드는 것을 말해요. 인쇄기, 복사기 등의 성능이 좋아져 신분증, 여권, 지폐 등을 정교하게 위조할 수 있게 되자 이를 막기 위한 기술도 발달했어요.

여권은 외국에 여행할 수 있는 자격을 나타내고, 그 여권을 발행한 나라로 되돌아갈 수 있는 자격을 보장받는 중요한 서류예요. 여권에는 얼굴 사진, 이름, 태어난 날짜 등 개인의 신분을 나타내는 정보가 들어가요. 이러한 개인 정보를 위조한 여권을 사용해 다른 나라에 입국하는 범죄가 늘자, 이를 막기 위해 우리나라에서는 2008년부터 전자 여권을 사용하기 시작했어요. 전자 여권에는 기존의 여권에 있던 정보뿐 아니라 지문, 눈동자 속 홍채 등 사람의 신체 정보를 저장한 전자 칩을 넣어서 위조하기 어려워요.

진짜처럼 보이는 위조지폐를 만들고 쓰는 일도 큰 범죄예요. 지폐의 위조를 막기 위해 우리나라 지폐에는 10개가 넘는 장치가 숨겨져 있어요. 빛에 지폐를 비추어 보면 나타나는 초상화와 숫자는 컬러 복사를 해도 보이지 않아요. 지폐 금액을 나타내는 숫자 부분에 특수 잉크를 사용하여 보는 각도에 따라 색이 달라요. 또, 특수 필름으로 처리한 홀로그램에는 여러 무늬가 번갈아 보여요. 천 원권의 가운데 부분에 찍힌 은색 점선은 복사를 하면 까맣게 나와서 위조지폐인 것을 쉽게 알 수 있지요.

이처럼 위조를 막기 위한 노력 덕분에 위조 범죄는 점차 줄어들고 있어요.

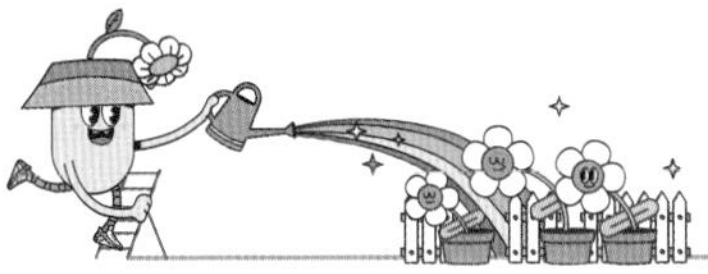

어휘 알기 색칠한 낱말과 초성을 보고 뜻풀이에 알맞은 낱말을 ___에 쓰세요.

ㅂ	ㅎ	화폐, 증명서 따위를 만들어 세상에 내놓아 널리 쓰도록 함.	________
ㅎ	ㅊ	눈동자 가운데 검은색 부분인 동공을 둘러싸는 막으로, 눈에 들어오는 빛의 양을 조절하는 부분.	________
ㅇ	ㄱ	자기 나라 또는 남의 나라 안으로 들어감.	________

독해력 기르기

01 이 글은 무엇에 대해 설명하는 글인지 빈칸에 알맞은 말을 쓰세요.

[ ][ ]를 막는 기술

02 이 글에서 설명한 내용에 알맞게 다음 낱말의 의미를 각각 선으로 이으세요.

(1) 위조지폐 • • (가) 진짜처럼 보이게 만든 가짜 지폐

(2) 여권 • • (나) 외국에 여행할 수 있는 자격을 나타내고, 자기 나라로 되돌아갈 수 있는 자격을 보장받는 서류

03 이 글에서 설명한 내용으로 알맞지 <u>않은</u> 것에 × 하세요.

(1) 진짜처럼 보이는 위조지폐를 만들고 쓰는 일은 큰 범죄이다. ( )

(2) 위조 방지 기술이 발달했지만, 위조 범죄는 줄어들지 않고 있다. ( )

(3) 지폐의 위조를 막기 위해 금액을 나타내는 숫자에는 특수 잉크를 썼다. ( )

04 이 글에 나온 문제와 해결 방법을 알맞게 선으로 이으세요.

문제		해결 방법
(1) 위조 여권을 사용한 범죄가 늘어남.	• •	(가) 사람의 신체 정보를 저장한 전자 칩을 넣어 위조하기 어렵게 만듦.
(2) 복사기의 성능이 좋아져 지폐를 정교하게 위조할 수 있게 됨.	• •	(나) 10개가 넘는 위조 방지 장치를 숨겨 복사기를 이용해 위조할 수 없게 만듦.

05 이 글의 내용을 바르게 이해하지 못한 친구의 이름을 쓰세요. (　　　　　　　　)

수영: 지폐를 비스듬히 눕혀서 보면 숫자가 나타나서 신기하다고 생각했는데, 그게 위조를 막기 위한 장치였구나.
서하: 아무리 위조 방지 기술이 발달해도 지폐나 여권을 똑같이 복사하면 쉽게 위조할 수 있을 것 같아.

06 이 글의 내용을 요약했어요. 빈칸에 들어갈 알맞은 말을 쓰세요.

신분증, 여권, 지폐 등을 정교하게 위조할 수 있게 되자 이를 막기 위한 ①□□도 발달했다.

여권 위조를 막는 방법	③□□ 위조를 막는 방법
사람의 지문, 눈동자 속 홍채 등 신체 정보를 저장한 ②□□ 여권을 사용하여 위조하기 더욱 어렵게 했다.	컬러 복사를 해도 똑같이 보이지 않도록 10개가 넘는 위조 방지 장치를 숨겨 놓았다.

① ________ ② ________ ③ ________

어휘력 더하기

뜻을 더하는 말

빈칸에 알맞은 말을 쓰세요.

-권

액수를 나타내는 말 뒤에 붙어 '지폐'의 뜻을 더한다.

천 원 권

오 천 원 □

만 □ □

□ □ 원 □

뜻이 여러 개인 말

밑줄 친 말이 어떤 뜻으로 쓰였는지 번호를 쓰세요.

꾸미다

① 거짓이나 없는 것을 사실인 것처럼 지어내다.

② 모양이 나게 매만져 차리거나 손질하다.

③ 어떤 일을 짜고 만들다.

(1) 언니가 예쁘게 <u>꾸미고</u> 외출했다. (   )

(2) 아이들이 엄마 몰래 계획을 <u>꾸미는</u> 중이다. (   )

(3) 음식 모형은 진짜 음식처럼 <u>꾸며서</u> 만든 것이다. (   )

토픽 한 줄 정리

만약 네가 받은 돈이 위조지폐 같다면 어떻게 할래?

□ 은행에 가서 확인할 거야! □ 경찰서에 가져갈 거야!

나는 ______________________________

축제

| 축하하여 벌이는 큰 규모의 행사.

사람들은 언제부터 축제를 했을까?

우리 마을에서도 축제가 열릴까?

우리나라의 전통 축제는 무엇일까?

사람들은 왜 축제를 좋아할까?

다른 나라에는 어떤 축제가 있을까?

축제에 얽힌 이야기가 있다고?

축제에 가면 무엇을 할까?

사람들에게 인기 있는 축제는 무엇일까?

1일 다른 나라에는 어떤 축제가 있을까?

「라마 왕자 이야기」

세계 | 신화

2일 사람들은 언제부터 축제를 했을까?

「축제의 시작」

사회 | 설명하는 글

3일 축제에 얽힌 이야기가 있다고?

「허 도령과 하회탈」

우리 | 전래

4일 우리나라의 전통 축제는 무엇일까?

「강릉 단오제」

문화 | 설명하는 글

5일 사람들에게 인기 있는 축제는 무엇일까?

「삼바 축제, 리우 카니발」

문화 | 설명하는 글

라마 왕자 이야기

힌두교의 신 비슈누의 아들 라마 왕자는 왕의 자리에 욕심이 없었어요. 그래서 부인 시타와 함께 자신의 왕국인 코살라를 떠나기로 했어요. 그런데 아름다운 시타를 탐내는 자가 있었어요. 랑카섬의 지배자이자, 강력한 힘을 지닌 라바나였지요. 열 개의 머리와 스무 개의 팔, 네 개의 다리를 가진 라바나는 무엇으로든 변할 수 있는 변신술이 있었어요. 그래서 라마 몰래 시타를 속여 납치해 왔어요.

라마는 아내를 되찾기 위해 부하들을 이끌고 랑카섬으로 갔어요.

"라바나여, 그대는 신의 은총을 받고도 악한 짓만 하고 있구나. 당장 용서를 빌라!"

하지만 라바나는 라마 무리를 닥치는 대로 공격했어요. 라마의 군대는 온 힘을 다해 맞서 싸웠어요. 어느 순간, 라마가 쏜 화살이 라바나의 가슴에 꽂혔어요.

쿵! 거대한 라바나가 쓰러졌어요.

"만세! 라마 왕자가 악을 물리쳤다!"

라마는 시타와 함께 코살라로 돌아갔어요. ㉠왕국을 떠난 지 14년 만이었지요.

"라마 왕자가 돌아온다! 그는 우리의 ㉡빛이다!"

㉢어둠의 세력을 물리치고 돌아오는 라마를 맞이하기 위해 백성들이 집집마다 등불을 밝혔어요. 촛불을 들고 거리로 나갔고요. ㉣세상이 온통 밝은 빛으로 넘실댔어요.

라마는 코살라 왕국의 왕이 되었어요. 백성들은 라마가 돌아온 날을 기념하기 위해 해마다 ㉤그날이 되면 불을 밝히는 축제를 열었어요.

그것이 인도에서 열리는 빛의 축제 '디왈리'예요. 디왈리 기간 동안 인도 사람들은 집에 등불과 촛불을 밝히고 거리에서 폭죽을 터트려요. 빛 속에서 자신들에게 건강과 지혜, 평화를 주는 신에게 감사를 드리지요.

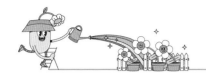

어휘 알기 색칠한 낱말과 초성을 보고 뜻풀이에 알맞은 낱말을 ___에 쓰세요.

ㄴ ㅊ 원하지 않는데 억지로 데리고 감. ______

ㅇ ㅊ 높은 사람에게서 받는 특별한 은혜와 사랑. ______

ㄴ ㅅ ㄷ ㄷ 물결 따위가 자꾸 부드럽게 굽이쳐 움직이다. ______

독해력 기르기

01 라마 왕자가 한 일로 알맞지 않은 것을 골라 × 하세요.

(1) 아내 시타를 찾기 위해 랑카섬으로 갔다. ( )

(2) 라바나의 가슴에 화살을 쏘았다. ( )

(3) 아내 시타를 되찾고, 랑카섬에 남았다. ( )

02 라마 왕자가 돌아온 날을 기념하기 위해 시작된 축제의 이름을 쓰세요.

03 다음 중 라바나에 대한 설명으로 알맞지 않은 것은 무엇인가요? ( )

① 랑카섬의 지배자이다.

② 아름다운 시타를 탐냈다.

③ 힌두교의 신 비슈누의 아들이다.

④ 무엇으로든 변할 수 있는 변신술이 있다.

⑤ 열 개의 머리와 스무 개의 팔과 네 개의 다리를 가졌다.

해답·해설 98쪽

04 ㉠~㉤에 대한 설명으로 알맞지 않은 것은 무엇인가요? (   )

① ㉠은 라마의 왕국인 코살라를 의미한다.

② ㉡은 라마가 백성들의 희망이라는 뜻으로 쓰인 말이다.

③ ㉢은 악한 행동을 한 라바나를 의미한다.

④ ㉣은 백성들이 라마를 환영하며 불을 밝힌 것을 의미한다.

⑤ ㉤은 라마가 코살라 왕국을 떠난 날을 의미한다.

05 이 글에 대한 감상을 알맞게 말하지 못한 친구에 ○ 하세요.

(1) 부인 시타를 구하기 위해 라바나와 맞서 싸운 라마 왕자가 대단해.

(2) 라마 왕자는 왕국을 떠나서 힘든 일을 겪었어. 나라면 그렇게 어리석은 행동을 하지 않았을 거야.

(3) 디왈리 축제가 왜 시작되었는지 알게 되었어. 축제에 이렇게 이야기가 담겨 있다니 재미있어.

06 이 글의 내용을 요약했어요. 빈칸에 들어갈 알맞은 말을 쓰세요.

라마 왕자와 부인 시타는 코살라 왕국을 떠났다. 랑카섬의 지배자, ①□□□가 시타를 몰래 납치했다.

→ 라마 왕자는 ②□□섬으로 가서 라바나를 물리치고, 시타를 구했다.

→ 라마 왕자가 다시 코살라 왕국으로 돌아오자 백성들이 등불을 밝히며 환영했다. 라마 왕자가 돌아온 날을 기념하는 ③□의 축제 '디왈리'가 시작되었다.

① ______________ ② ______________ ③ ______________

어휘력 더하기

뜻을 더하는 말

빈칸에 알맞은 말을 쓰세요.

-마다

어떤 낱말 뒤에 붙어서 '낱낱이 모두'의 뜻을 더한다.

집집마다 각각의 집, 또는 모든 집마다.

저마다 각각의 사람이나 사물마다.

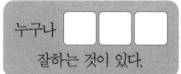

누구나 □□□ 잘하는 것이 있다.

□□□□ 등불을 밝혔다.

관용 표현

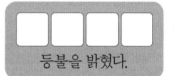

빈 곳에 들어갈 알맞은 말을 쓰세요.

닥치는 대로 이것저것 가릴 것 없이 눈에 보이는 대로.

발 벗고 나서다 어떤 일을 적극적으로 하다.

(1) 라마는 아내를 구하려고 직접 ______ ________ 나섰다.

(2) 라바나는 라마를 ________________ 대로 공격했다.

둘 이상의 낱말이 어울려 어떤 의미를 나타내는지 알아봐.

토픽 한 줄 정리

빛의 축제에서 촛불을 밝히면서 감사드리고 싶은 것은?

내가 감사드리고 싶은 것은 ____

____

축제는 언제부터 시작되었을까? 궁금하면 다음 장을 넘겨 봐! >>>>>

축제의 시작

축제는 한자어예요. '빌 축(祝)'에 '제사 제(祭)' 자를 쓰지요. 말 그대로, 축제는 '무언가를 비는 제사'예요. 축제는 언제, 왜 시작되었을까요?

축제는 오래전, 인간이 떠돌아다니며 사냥을 하고 열매를 따 먹으며 살던 때부터 있었어요. 사냥을 나가 무사하기를 빌고, 사냥이 끝나면 사냥감을 잡게 해 준 것에 감사하며 자연에 제사를 지냈어요. 한곳에 머물러 농사를 짓고 살면서도 축제는 계속되었어요. 한 해 농사를 마치며 비를 내려 준 하늘과 곡식을 품어 준 땅에 감사하는 축제를 열었어요.

그러다 점차 축제를 놀이처럼 즐기기 시작했어요. 대표적인 것이 고대 그리스의 올림피아드예요. 고대 그리스는 여러 도시 국가로 이루어져 있었는데, 그리스인들은 4년에 한 번 올림피아 평원에 모여 축제를 벌였어요. 신들에게 제사를 올리고, 춤을 추고, 노래를 부르고, 연극을 공연했어요. 달리기, 창던지기와 같은 운동 경기도 했지요. 이를 통해 그리스인들은 '우리는 모두 같은 민족'이라는 마음을 가질 수 있었어요. 이 축제는 오늘날의 올림픽으로 이어졌어요.

오늘날에도 ㉠우리는 축제를 통해 즐겁게 놀고 모두 하나가 돼요. 가을에 열리는 학교 운동회와 봄에 열리는 꽃 축제, 지역을 대표하는 축제, 4년마다 전 세계가 한자리에 모여 실력을 겨루는 올림픽까지 다양한 축제가 있어요. 지금도 지구촌 곳곳에서 축제가 열리고 있답니다.

◀ 고대 그리스 유적지로 올림픽 성화에 불을 붙이는 곳

어휘 알기 색칠한 낱말과 초성을 보고 뜻풀이에 알맞은 낱말을 ___에 쓰세요.

ㅍ ㅇ 평평한 들판. ______

ㅅ ㄴ 총이나 활 따위로 산짐승, 들짐승을 잡는 일. ______

ㄷ ㅅ ㄱ ㄱ 고대와 중세에 도시 자체가 국가를 이루던 공동체. ______

독해력 기르기

01 이 글에서 오래전에 사람들이 축제를 벌인 이유를 무엇이라고 했나요? 알맞은 말에 ○ 하세요.

(사냥 , 전쟁)을 나가 무사하기를 빌고,
사냥감을 잡게 해 준 것에 (자랑 , 감사)하며 제사를 지냈다.

02 이 글에 나타나 있는 내용에는 ○, 그렇지 않은 내용에는 × 하세요.

(1) 축제의 변화 과정 (　　)
(2) 축제를 하게 된 까닭 (　　)
(3) 우리나라 최초의 축제 (　　)

03 이 글에 나타난 올림피아드에 대한 설명으로 바르지 않은 것은 무엇인가요? (　　)

① 매년 올림피아 평원에 사람들이 모여 축제를 열었다.
② 고대 그리스의 여러 도시 국가가 한데 모여 축제를 열었다.
③ 신들에게 제사를 올리고, 춤을 추고, 노래를 불렀다.
④ 도시 국가들이 한데 모여 모두 같은 민족이라는 마음을 가졌다.
⑤ 달리기, 창던지기와 같은 운동 경기를 했다.

04 ㉠이 뜻하는 것으로 알맞지 않은 것에 × 하세요.

(1) 축제에서는 한 사람만 즐겁게 놀 수 있다. ( )

(2) 많은 사람들이 축제를 즐기며 한마음으로 뭉칠 수 있다. ( )

(3) 축제를 통해 내가 사는 나라, 지역에 대한 소중함을 느낄 수 있다. ( )

(4) 축제에 참여한 사람들에게 친밀감을 느끼고, 단체에 속한 기분을 느낄 수 있다. ( )

05 이 글을 읽고 축제에 대해 바르게 이해하지 못한 친구에 ○ 하세요.

(1) 무언가를 비는 제사였던 축제가 많은 사람들이 한데 모여 즐기는 행사로 변해 온 거구나.

(2) 그리스인들이 한자리에 모여 즐기던 축제인 올림피아드가 오늘날의 올림픽이 된 거구나.

(3) 축제는 원래 노는 게 아니었는데, 세월이 흐르면서 노는 모습만 남은 것 같아 안타까워.

06 이 글의 내용을 요약했어요. 빈칸에 들어갈 알맞은 말을 쓰세요.

① □□는 인간이 떠돌아다니며 ② □□을 하던 때부터 시작되었다. 축제는 점차 사람들이 즐길 수 있는 형태로 변하였는데, 그 대표적인 것이 고대 그리스의 ③ □□□□□이다. 오늘날에도 전 세계에서 다양한 축제가 열리고, 사람들은 축제를 즐기고 있다.

① ______ ② ______ ③ ______

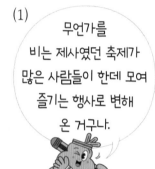

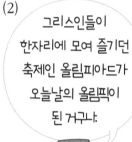

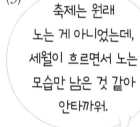

어휘력 더하기

낱말의 반대말

낱말의 뜻을 살펴보고, 낱말의 반대말을 찾아 길을 따라가세요.

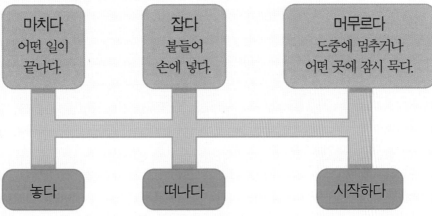

마치다 어떤 일이 끝나다.	잡다 붙들어 손에 넣다.	머무르다 도중에 멈추거나 어떤 곳에 잠시 묵다.
놓다	떠나다	시작하다

뜻이 비슷한 말

주어진 글자를 이용해 빈칸에 알맞은 말을 쓰세요.

곳 이 저 곳

(1) '곳곳'과 비슷한 말은? □□□□

데 군 한

(2) '한곳'과 비슷한 말은? □□□

'곳곳'은
여러 장소를 뜻하고,
'한곳'은 일정한 곳이나
같은 곳을 뜻해.

토픽 한 줄 정리

어떤 축제를 가장 좋아하니?

□ 학교 운동회 □ 꽃 축제 □ 올림픽 □ 책 축제 □ ____________

나는 ____

축제에 전해지는 이야기가 있을까?
궁금하면 다음 장을 넘겨 봐! >>>>>

허 도령과 하회탈

안동 하회 마을에서 매년 탈춤 축제가 열려. 그중 가장 오래되고 유명한 탈춤은 '하회 별신굿 탈놀이'야. 이 탈춤에 쓰는 하회탈은 우리나라에서 가장 오래된 탈놀이 가면으로, 양반탈, 각시탈, 선비탈 등 다양하지. 이 하회탈에 전해 내려오는 이야기가 있어.

옛날 하회 마을에 심각한 전염병이 돌았대. 하루는 이 마을에 사는 허 도령의 꿈에 산신령이 나타나 말했어.

"전염병을 물리치려면 마을 사람들의 얼굴로 탈 열두 개를 만들어야 한다. 남자, 여자, 늙은이, 젊은이, 양반, 하인 가리지 말고, 사람들의 다양한 얼굴과 표정을 담아야 한다. 단, 탈을 다 만들 때까지 누구도 그 모습을 보면 안 된다."

허 도령은 마을 사람들에게 이 소식을 알렸어. 그리고 다른 사람이 들어오지 못하도록 집에 금줄을 치고, 몸을 깨끗이 씻은 후 나무를 깎아 탈을 만들기 시작했어.

마을 사람들 모두 허 도령이 무사히 탈을 완성하기를 바랐어. 그 마을에는 허 도령을 좋아하는 처녀가 하나 있었어. 처녀도 허 도령이 무사히 탈을 깎을 수 있게 해 달라고 신에게 정성껏 빌었지.

허 도령이 탈을 만들기 시작한 지 열다섯 날이 지난 어느 날이었어. 처녀는 허 도령을 보고 싶은 마음을 참지 못하고, 문구멍으로 안을 들여다보았어. 허 도령은 이매탈을 만들고 있었어. 허 도령의 옆에는 활짝 웃는 양반탈, 입을 꾹 다문 각시탈, 턱이 뾰족한 초랭이탈 등 완성된 탈 열한 개가 놓여 있었지.

그때, 갑자기 번개가 치고 천둥이 울리더니 허 도령이 갑자기 피를 토하고 죽었어. 깜짝 놀란 처녀도 달아나다가 벼랑에서 굴러떨어져 죽고 말았어. 그래서 허 도령이 마지막으로 만들던 이매탈은 턱이 없는 모양이 된 거래.

어휘 알기 색칠한 낱말과 초성을 보고 뜻풀이에 알맞은 낱말을 ___에 쓰세요.

ㅎ ㅇ 남의 집에서 일을 하는 사람. ___

ㄱ ㅈ 나쁜 기운이 들어오는 것을 막기 위해 문이나 길 어귀에 건너질러 맨 새끼줄. ___

ㅅ ㅅ ㄹ 산을 지키고 다스리는 신. ___

독해력 기르기

01 하회탈에 대한 설명으로 알맞으면 ○, 알맞지 않으면 × 하세요.

(1) 이매탈은 턱이 없는 모습이다. ( )

(2) 하회탈은 하회 별신굿 탈놀이에 사용되는 탈이다. ( )

(3) 하회탈은 허 도령의 얼굴을 본떠 만든 것이다. ( )

(4) 양반탈, 각시탈, 선비탈 등 다양한 탈이 있다. ( )

02 허 도령이 하회탈을 만들기로 결심한 까닭은 무엇인지 빈칸에 알맞은 말을 쓰세요.

꿈에 산신령이 나타나 □□□을 물리치려면 탈을 만들라고 해서

03 이매탈의 턱이 완성되지 않은 이유로 알맞은 것에 ○ 하세요.

(1) 허 도령이 이매탈을 다 만들기 전에 병에 걸려 죽었기 때문에

(2) 이매탈을 만들고 있는 허 도령을 마을 처녀가 몰래 보는 순간, 허 도령이 죽었기 때문에

04 이 글에 대한 감상을 알맞게 말하지 <u>못한</u> 친구의 이름을 쓰세요.

( )

예나: 마을 사람들을 위해 허 도령이 아무도 만나지 않고 힘들게 탈을 만들었는데, 탈을 다 만들지 못하고 죽어서 너무 안타까웠어.

성현: 마을 처녀가 조금만 더 참고, 신중하게 행동했다면 마을의 전염병을 물리치고 모두가 잘 살았을 텐데, 너무 안타까워.

서아: 허 도령이 산신령의 말을 믿은 게 잘못이라고 생각해. 탈을 만들지 않았다면 죽지도 않았을 거야.

05 하회탈에 대한 느낌을 바르게 말한 친구에 ○ 하세요.

(1) 하회탈에 남자의 얼굴만 있어서 아쉬워. 여자 얼굴도 같이 만들었으면 좋았을 텐데…….

(2) 활짝 웃는 양반탈, 입을 꾹 다문 각시탈 등 하회탈이 다양한 표정을 나타내서 재미있어.

06 이 글의 내용을 요약했어요. 빈칸에 들어갈 알맞은 말을 쓰세요.

안동 하회 마을의 탈춤 축제에서 가장 유명한 탈춤은 하회 별신굿 탈놀이이다. 이 탈춤에 사용되는 ①□□□에 전해 내려오는 이야기가 있다.
옛날 하회 마을에 심각한 전염병이 돌았는데, 허 도령의 꿈에 산신령이 나타나 전염병을 물리치려면 탈 열두 개를 만들라고 했다. 허 도령이 마지막 탈인 이매탈을 만들고 있는데, 마을 ②□□가 그 모습을 몰래 보았다. 허 도령은 갑자기 죽었고, ③□□□은 결국 완성되지 못했다.

① ______ ② ______ ③ ______

어휘력 더하기

뜻이 비슷한 말

밑줄 친 말과 뜻이 비슷한 말을 찾아 선으로 이으세요.

마을에 심각한 전염병이 퍼지다.

탈을 만들어서 전염병을 없애다.

가리다	물리치다	돌다
여럿 가운데서 하나를 구별하여 고르다.	극복하거나 치워 없애 버리다.	소문이나 돌림병 따위가 퍼지다.

뜻이 여러 개인 말

밑줄 친 말이 어떤 뜻으로 쓰였는지 번호를 쓰세요.

들여다보다

① 밖에서 안을 보다.

② 가까이서 자세히 살피다.

(1) 처녀는 문구멍으로 안을 들여다보았다. (　　)

(2) 틀린 곳이 있는지 시험지를 자세히 들여다보았다. (　　)

(3) 선생님이 창문으로 교실 안을 들여다보고 있다. (　　)

토픽 한 줄 정리

가장 써 보고 싶은 하회탈은?

☐ 양반탈　☐ 각시탈　☐ 선비탈　☐ 이매탈

왜냐하면 ______________________________

우리나라의 전통 축제는 무엇일까?
궁금하면 다음 장을 넘겨 봐! >>>>>

강릉 단오제

음력 5월 5일은 우리나라의 명절 중 하나인 단오예요. 단옷날 열리는 단오제는 천 년을 이어 온 우리나라의 전통 축제예요. 특히 강원도 강릉에서 열리는 강릉 단오제는 세계 문화유산으로 지정되어 외국인도 많이 찾아오는 큰 축제예요.

단오는 매년 한 해 농사가 시작되는 시기이고, 날씨가 더워지며 나쁜 병도 생기기 시작하는 때예요. 그래서 예로부터 단옷날이 되면 사람들은 신에게 건강을 빌고, 농사가 잘되도록 기원하는 제사를 올렸어요. 신하들은 임금에게 시를 지어 올리고, 임금은 신하에게 단오선이라는 부채를 선물하며 다가올 더위를 물리치기 바랐어요. 마을에서는 여자들이 창포물에 머리를 감았는데, 창포라는 풀에서 짙은 향이 나서 나쁜 귀신을 쫓고 병을 막아 준다고 믿었기 때문이에요. 또, 쑥이 약효가 있고 재앙을 물리친다고 생각해서 쑥이나 수리취를 넣어 떡을 만들어 먹었어요.

지금도 강릉 단오제에서는 신에게 제사를 올리고, 굿을 해요. 그리고 많은 사람들이 우리의 전통문화를 함께 즐길 수 있는 행사가 열려요. 관노 가면극은 강릉 단오제에서 볼 수 있는 가면극으로, 대사 없이 춤과 동작만으로 웃음을 줘요. 꽹과리와 징, 북 등을 연주하는 농악도 흥겹게 펼쳐져요. 부채 만들기, 창포물에 머리 감기, 수리취떡 만들기 등 단옷날 풍습을 체험할 수 있고, 그네뛰기와 씨름 같은 민속놀이도 즐길 수 있어요.

강릉 단오제는 시대에 맞게 조금씩 변화하며 많은 사람들이 함께 즐기는 축제로 발전하고 있답니다.

어휘 알기 색칠한 낱말과 초성을 보고 뜻풀이에 알맞은 낱말을 ___에 쓰세요.

ㄱ 무당이 음식을 차려 놓고 노래를 하고 춤을 추며 신에게 뭔가를 비는 의식. ______________

ㅇ ㅎ 약을 먹은 뒤에 얻어지는 좋은 결과나 만족감. ______________

ㅁ ㅎ ㅇ ㅅ 조상들의 문화 중에서 후손들에게 물려줄 만한 가치가 있는 것. ______________

독해력 기르기

01 이 글은 무엇에 대해 설명하는 글인지 빈칸에 알맞은 말을 쓰세요.

우리나라의 전통 축제인 □□□

02 우리 조상들이 단옷날 하던 일로 알맞으면 ○, 알맞지 않으면 × 하세요.

(1) 부채 만들기를 체험한다. ( )

(2) 여자들은 창포물에 머리를 감는다. ( )

(3) 쑥이나 수리취를 넣어 밥을 지어 먹는다. ( )

(4) 임금이 신하에게 부채를 나누어 준다. ( )

03 다음 낱말과 관계있는 설명을 찾아 알맞게 선으로 이으세요.

(1) 단오선 • • (가) 창포라는 풀의 잎과 뿌리를 우려낸 물

(2) 창포물 • • (나) 단옷날에 선물로 주고받는 부채로, 단오 부채라고도 함.

04 **강릉 단오제에서 하는 행사에 대한 설명으로 알맞지 않은 것은 무엇인가요? (　　　)**

① 그네뛰기, 씨름 같은 민속놀이를 한다.

② 꽹과리, 징, 북 등의 악기로 농악을 연주한다.

③ 사람들이 관노 가면극에 직접 참여해서 연기를 한다.

④ 부채 만들기, 수리취떡 만들기 등 단옷날 풍습을 체험할 수 있다.

⑤ 조상들이 단옷날 했던 것처럼 신에게 제사를 올리고 굿을 한다.

05 **이 글에 대한 생각이나 느낌을 알맞게 말하지 못한 친구에 ○ 하세요.**

(1) 단옷날 풍습을 보니 더운 여름을 대비했던 조상들의 지혜가 느껴졌어.

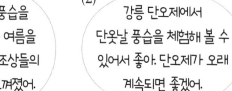

(2) 강릉 단오제에서 단옷날 풍습을 체험해 볼 수 있어서 좋아. 단오제가 오래 계속되면 좋겠어.

(3) 그다지 특별하지 않은 강릉 단오제가 세계 문화유산으로 지정되었다니 신기해.

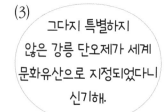

06 **이 글의 내용을 요약했어요. 빈칸에 들어갈 알맞은 말을 쓰세요.**

> ①□□□는 오랜 역사를 지닌 우리나라의 전통 축제이다. 우리 조상들은 단옷날, 신에게 ②□□를 올렸다. 부채 나누어 주기, 창포물에 머리 감기 등의 풍습도 있었다. 강릉 단오제에서는 이러한 ③□□을 체험해 볼 수 있고, 가면극, 농악, 민속놀이 등을 함께 즐길 수 있다.

① ____________　② ____________　③ ____________

어휘력 더하기

합쳐진 말

다음 낱말을 뜻이 있는 두 개의 말로 나누어 빈칸에 쓰세요.

쑥떡 = 쑥 + 떡

(1) 창포물 = □□ + □

(2) 민속놀이 = □□ + □□

(3) 문화유산 = □□ + □□

헷갈리는 말

알맞은 말에 ○ 하세요.

짙다	VS	짓다
빛깔이나 냄새 따위가 보통 정도보다 강하다.		어떤 표정이나 태도 따위를 얼굴이나 몸에 나타내다.

(1) 창포에서 나는 향이 (짙다 , 짓다).

(2) 아이가 예쁜 미소를 (짙다 , 짓다).

(3) 꽃향기가 (짙게 , 짓게) 풍긴다.

'짙다'와 '짓다'는 발음이 비슷하지만 뜻이 달라. 받침을 잘못 쓰지 않도록 조심해야 해.

토픽 한 줄 정리

강릉 단오제를 찾은 외국인에게 가장 추천하고 싶은 것은?

□ 단옷날 풍습 체험하기 □ 가면극과 농악 구경하기 □ 민속놀이 참여하기

왜냐하면 ____________________

다른 나라의 유명한 축제는 무엇일까? 궁금하면 다음 장을 넘겨 봐! >>>>>

삼바 축제, 리우 카니발

리우 카니발은 2월 말에서 3월 초 사이에 브라질의 리우데자네이루에서 나흘간 열리는 '카니발'이에요. 카니발이란 기독교의 전통 축제로, 브라질뿐만 아니라 유럽의 여러 나라에서 열리는데, 그중 브라질의 리우 카니발이 가장 유명해요.

리우 카니발이 유명한 건 '삼바' 때문이에요. 삼바는 브라질의 전통 음악이자 춤이에요. 브라질은 원래 남아메리카 인디오들의 땅이었어요. 하지만 1500년경 유럽인들이 브라질을 침략하여 그곳에 살기 시작했고, 노예로 부리기 위해 아프리카에서 흑인들을 데려왔어요. 이 흑인들이 지친 몸과 마음을 달래기 위해 춤을 추고 노래를 부르면서 '삼바'가 탄생했어요. 흑인들은 카니발 기간 동안 삼바를 추며 즐겼고, 리우 카니발은 곧 '삼바 축제'가 되었답니다.

리우 카니발에서 가장 유명한 행사는 삼바 퍼레이드예요. 수많은 참가자들이 열정적으로 춤을 추며 거리를 행진해요. 퍼레이드를 준비하는 삼바 학교가 있을 정도로 중요한 행사예요. 500여 개의 삼바 학교가 1년 동안 리우 카니발 때 선보일 퍼레이드를 준비해요. 삼바 퍼레이드가 시작되면 학교마다 개성 넘치는 의상과 다양한 볼거리를 뽐내며 경연을 벌여요.

리우 카니발은 전 세계인의 눈과 귀를 사로잡아 브라질을 대표하는 '관광 상품'이 되었어요. 수많은 관광객이 리우 카니발이 열리는 시기에 맞춰 브라질을 찾고 있어요.

▲ 삼바 퍼레이드

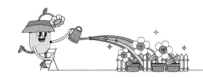

어휘 알기 색칠한 낱말과 초성을 보고 뜻풀이에 알맞은 낱말을 ___에 쓰세요.

ㄴ ㅇ 남의 소유물로 되어 부림을 당하는 사람. ________

ㄱ ㅇ 개인이나 단체가 모여 실력을 겨룸. ________

ㅇ ㄷ ㅇ 아메리카 대륙의 중앙부터 남쪽에 사는 원주민을 이르는 말. ________

독해력 기르기

01 이 글에서 주로 설명한 내용으로 알맞은 것에 ◯ 하세요.

(1) 리우 카니발을 대표하는 삼바 ( )

(2) 리우 카니발의 문제점 ( )

(3) 리우 카니발을 준비하는 사람들 ( )

02 리우 카니발에 대한 설명으로 알맞은 것 두 가지를 골라 ◯ 하세요.

(1) 리우 카니발은 3월 말에 열린다. ( )

(2) 리우 카니발은 부에노스아이레스에서 열린다. ( )

(3) 리우 카니발에서 가장 유명한 행사는 삼바 퍼레이드이다. ( )

(4) 삼바 학교들이 퍼레이드를 준비해 축제 때 경연을 벌인다. ( )

03 이 글을 읽고 알 수 <u>없는</u> 것은 무엇인가요? ( )

① 카니발의 뜻

② 삼바 학교가 처음 생겨난 시기

③ 리우 카니발이 삼바 축제가 된 까닭

④ 브라질에 흑인들이 살게 된 까닭

⑤ 리우 카니발이 열리는 장소와 시기

04 이 글을 읽고 생각하거나 알게 된 점을 바르게 말하지 못한 친구의 이름을 쓰세요.

(　　　　　　　　)

민호: 삼바 학교가 있으니 삼바 퍼레이드는 계속 발전할 수 있겠네. 1년 동안 열심히 준비한 삼바 퍼레이드는 정말 대단할 것 같아.

희준: 다른 나라 사람들도 리우 카니발을 보기 위해 브라질에 많이 가는구나. 축제가 유명해지면 그 나라의 관광 산업에도 도움이 되네.

주하: 리우 카니발을 더 발전시키려면 삼바보다 더 멋진 춤을 만들어야 한다고 생각해. 계속 똑같은 삼바 춤만 추면 사람들도 곧 질릴 것 같아.

05 이 글의 내용을 요약했어요. 빈칸에 들어갈 알맞은 말을 쓰세요.

①□□□은 기독교의 전통 축제이다. 여러 나라에서 카니발이 열리는데, 그 중 가장 유명한 것이 브라질의 리우 카니발이다.

리우 카니발은 삼바 축제

브라질에 살게 된 흑인들이 카니발 기간 동안 삼바 춤을 추며 즐겼고, 리우 카니발은 ②□□ 축제가 되었다.

삼바 퍼레이드와 삼바 학교

리우 카니발의 유명한 행사는 삼바 퍼레이드이다. 삼바 학교들은 1년 동안 준비한 ③□□□□를 선보이며 경연을 벌인다.

전 세계 수많은 관광객이 리우 카니발을 보러 브라질을 찾을 정도로 리우 카니발은 유명하다.

① ________　② ________　③ ________

어휘력 더하기

뜻이 비슷한 말

밑줄 친 낱말과 뜻이 비슷한 말을 모두 찾아 ○ 하세요.

(1) 삼바 학교에서 화려한 의상과 볼거리를 준비한다.

구경거리 / 먹거리 / 일거리 / 구경감

(2) 브라질은 원래 인디오들의 땅이었다.

나중에 / 처음에 / 본래 / 본디

날짜를 세는 우리말

문장의 빈 곳에 들어갈 날짜를 세는 말을 쓰세요.

하루(1일) 이틀(2일) 사흘(3일) 나흘(4일) 닷새(5일)
엿새(6일) 이레(7일) 여드레(8일) 아흐레(9일) 열흘(10일)

(1) 초등학생은 일주일에 ________(을)를 학교에 간다.

(2) 이틀이 지났으니 오늘이 ________째구나.

토픽 한 줄 정리

다른 나라의 축제를 구경 간다면 어디로 갈까?

☐ 브라질 삼바 축제 ☐ 일본 삿포로 눈 축제 ☐ 스페인 토마토 축제

가고 싶은 이유는 ______________________________

시간

| 어떤 시각에서 어떤 시각까지의 사이.
또는 어떤 일을 할 틈이나 여유.

시간을 어떻게 아껴 쓸까?
미래의 시간으로 갈 수 있다면 어떨까?
사람들은 어떻게 시간을 측정할 수 있게 되었을까?
시계는 어떻게 변해 왔을까?
우리나라는 낮인데 지구 반대편은 밤이라고?
시간을 보관할 수 있을까?

1일

시간과 관련된 재미있는 이야기는?

「삼 년 고개」

우리 | 전래

2일

왜 나라마다 시간이 다를까?

「나라마다 다른 시간」

융합 | 설명하는 글

3일

미래의 시간으로 갈 수 있다면 어떨까?

「미래에 간 스크루지」

세계 | 명작

4일

시간을 보관할 수 있을까?

「서울 천 년 타임캡슐」

사회 | 기사문

5일

시계는 어떻게 변해 왔을까?

「시계의 역사」

사회 | 설명하는 글

삼 년 고개

옛날 어느 마을에 '삼 년 고개'가 있었어요. 그 고개에서 넘어지면 삼 년밖에 살지 못한다 하여 삼 년 고개였지요.

어느 날, 김 서방이 삼 년 고개를 터벅터벅 걷다 돌부리에 걸려 넘어졌어요.

"아이고 큰일이네. 나는 이제 삼 년밖에 못 사는구나."

김 서방은 다친 데가 없었지만 그날부터 시름시름 앓았어요. 용한 의원들이 침을 놔주고 약을 지어 줘도 좋아지지 않았어요. 김 서방이 밥까지 굶자 막내아들이 말했어요.

"아버지, 억지로라도 밥을 드셔야 해요."

㉠"죽을 날이 멀지 않았는데 밥은 먹어 무엇 하리."

그러면서 김 서방은 삼 년 고개에서 넘어진 이야기를 털어놓았어요. 눈물을 뚝뚝 흘리면서요. 곰곰 고민하던 막내아들이 대뜸 김 서방을 일으켜 세웠어요.

㉡"우리, 지금 당장 삼 년 고개로 가요."

"싫다. 그 고개에 다시는 안 간다!"

"아버지, 한 번 넘어져 삼 년을 산다면, 여러 번 넘어지면 되지요. 두 번 넘어지면 육 년, 세 번 넘어지면 구 년을 더 살 수 있는 것 아니겠어요?"

"오호, 맞네, 맞아!"

김 서방은 삼 년 고개로 쌩쌩 달려갔어요. 그는 쉴 새 없이 넘어져 구르고, 다시 일어나 또 넘어졌어요.

"내가 몇 번이나 넘어졌느냐?"

"한 열 번쯤 넘어졌어요."

㉢"그럼 좀 더 넘어져야겠구나."

넘어질 때마다 김 서방의 얼굴에 웃음꽃이 피었어요. 그날부터 김 서방은 예전보다 더 열심히 일하며 착하게 살았어요.

어휘 알기 색칠한 낱말과 초성을 보고 뜻풀이에 알맞은 낱말을 ___에 쓰세요.

ㄱ ㄱ 산이나 언덕을 넘어 다니도록 길이 나 있는 비탈진 곳. ________

ㄷ ㅂ ㄹ 땅 위로 나온 돌멩이의 뾰족한 부분. ________

ㅇ ㅇ ㄲ 꽃이 피어나듯 환하고 즐겁게 웃는 웃음을 의미하는 말. ________

ㅇ ㅎ ㄷ 재주가 뛰어나고 특별하다. ________

독해력 기르기

01 김 서방이 앓아눕게 된 까닭이 무엇인지 빈칸에 쓰세요.

□□□□에서 넘어져서

02 김 서방의 병이 나은 까닭으로 알맞지 않은 것은 무엇인가요? ( )

① 막내아들이 해결책을 알려 줘서
② 오래 살 수 있는 방법을 알게 되어서
③ 죽을 날이 멀지 않았다고 생각해서
④ 다시 오래 살 수 있다는 희망을 갖게 되어서
⑤ 삼 년밖에 살지 못한다는 생각을 없앨 수 있게 되어서

03 ㉠~㉢의 속뜻을 알맞게 설명한 것에 모두 ○ 하세요.

(1) ㉠: 나는 밥을 먹을 자격이 없는 사람이다. ( )
(2) ㉡: 삼 년 고개에 다시 가면 오래 살 수 있는 방법이 있다. ( )
(3) ㉢: 많이 넘어질수록 더 오래 살 수 있으니 최대한 많이 넘어질 것이다. ( )

04 이 글의 내용을 바탕으로 사건의 원인과 결과를 알맞게 선으로 이으세요.

원인			결과
(1)	김 서방이 삼 년 고개에서 실수로 넘어짐.	(가)	시름시름 앓게 됨.
(2)	김 서방이 삼 년 고개에서 일부러 여러 번 넘어짐.	(나)	병이 낫고 예전보다 더 열심히 살게 됨.

05 이 글에 대한 감상을 알맞게 말하지 못한 친구에 ○ 하세요.

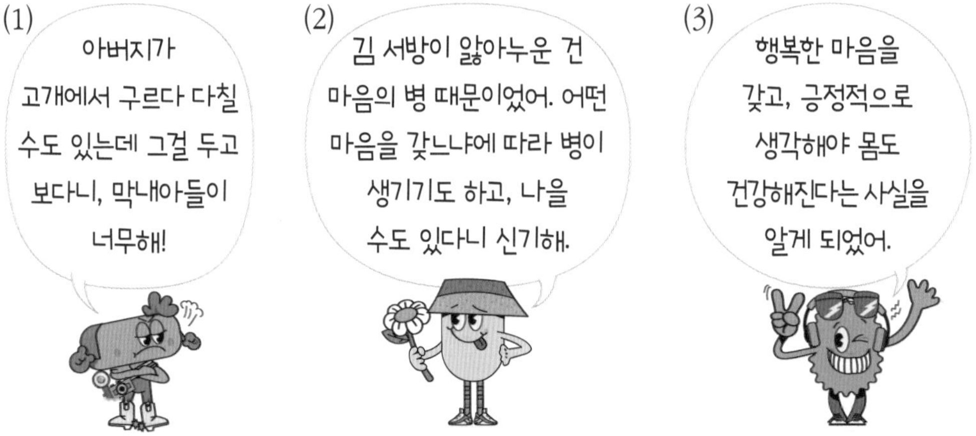
(1)
아버지가 고개에서 구르다 다칠 수도 있는데 그걸 두고 보다니, 막내아들이 너무해!
(2)
김 서방이 앓아누운 건 마음의 병 때문이었어. 어떤 마음을 갖느냐에 따라 병이 생기기도 하고, 나을 수도 있다니 신기해.
(3)
행복한 마음을 갖고, 긍정적으로 생각해야 몸도 건강해진다는 사실을 알게 되었어.

06 이 글의 내용을 요약했어요. 빈칸에 들어갈 알맞은 말을 쓰세요.

김 서방이 삼 년 ①□□에서 넘어진 후, 얼마 못 산다는 생각에 시름시름 앓았다. ②□□□□이 그 사실을 알고, 삼 년 고개에서 한 번 넘어져 ③□ 년을 산다면, 여러 번 넘어지면 오래 살 수 있는 것 아니냐고 말했다. 김 서방은 삼 년 고개에서 여러 번 넘어진 후 다시 웃음을 되찾고 잘 살게 되었다.

① ____________ ② ____________ ③ ____________

어휘력 더하기

어울려 쓰는 말

밑줄 친 부분이 알맞으면 ○, 알맞지 않으면 × 하세요.

사이 (주로 '없다'와 함께 쓰여) 어떤 일에 들이는 시간적인 여유나 겨를을 뜻하는 말로, 줄임말은 '새'이다.

(1) 김 서방은 쉴 새 없이 넘어지고 굴렀다. (　　)

(2) 아이는 신발을 신을 사이도 없이 뛰쳐나갔다. (　　)

(3) 아빠는 너무 바빠서 쉴 사이 있게 일했다. (　　)

복잡한 받침이 들어간 말

알맞은 말에 ○ 하세요.

앓다	앉다	얇다
병에 걸려 고통을 겪다.	윗몸을 바로 하고 엉덩이에 무게를 실어 바닥에 몸을 올려놓다.	두께가 두껍지 아니하다.

서로 다른 두 개의 자음자로 이루어진 받침은 헷갈려서 잘못 쓰는 경우가 많으니 조심해!

(1) (얇은 , 앓은) 옷을 입어서 춥다.

(2) 아이가 배탈을 (앓고 , 앉고) 나서 살이 쏙 빠졌다.

(3) 김 서방은 다친 데가 없는데 시름시름 (앓았다 , 앉았다).

(4) 학생들이 의자에 바르게 (앉았다 , 앓았다).

토픽 한 줄 정리

삼 년 고개가 있다면 어떻게 할래?

☐ 넘어지지 않도록 조심할 거야!　　☐ 일부러 여러 번 구를 거야!

왜냐하면 ____________________

지금, 지구 반대편은 몇 시일까?
궁금하면 다음 장을 넘겨 봐! >>>>>

나라마다 다른 시간

우리나라가 낮 열두 시일 때 브라질은 밤 열두 시예요. 태양이 우리나라를 비추고 있을 때 지구 반대편은 캄캄한 밤이 되지요. 세계 각 지역의 이러한 시간 차이를 '시차'라고 해요. 시차는 왜 생길까요?

세계 어디나 시간은 똑같은 속도로 흐르고, 하루의 길이는 같아요. 하지만 나라마다 태양이 뜨고 지는 시각이 다르기 때문에 시간이 다른 시차가 생겨요.

1800년대까지는 나라마다 시각을 정하는 기준이 달랐어요. 그런데 교통, 통신이 발달하면서 다른 지역이나 나라를 오가는 일이 많아지자, 시각을 정확히 알 필요성이 생겼지요. 그래서 '표준시'를 정하게 되었어요. 표준시는 한 나라나 지역에서 공통으로 쓰는 표준 시각이에요.

지구는 24시간 동안 360도를 자전하고, 한 시간에 15도 정도를 움직여요. 그래서 360도를 15도로 나누어 총 24개의 표준 시간대를 정하고, 표준시의 기준은 영국에 있는 그리니치 천문대로 삼았어요. 그리니치 천문대를 기준으로 서쪽으로 15도 멀어지면 한 시간을 빼고, 동쪽으로 15도 멀어지면 한 시간을 더하기로 했어요. 우리나라는 영국에서 동쪽으로 135도 정도 멀리 있기 때문에 영국보다 9시간을 더한 표준시를 이용해요. 영국이 낮 12시라면 우리나라는 오후 9시가 되는 거예요. 우리나라의 모든 지역은 같은 표준시를 이용하지만, 땅이 넓은 나라의 경우에는 같은 나라 안에서도 지역별로 시차가 생기기도 해요.

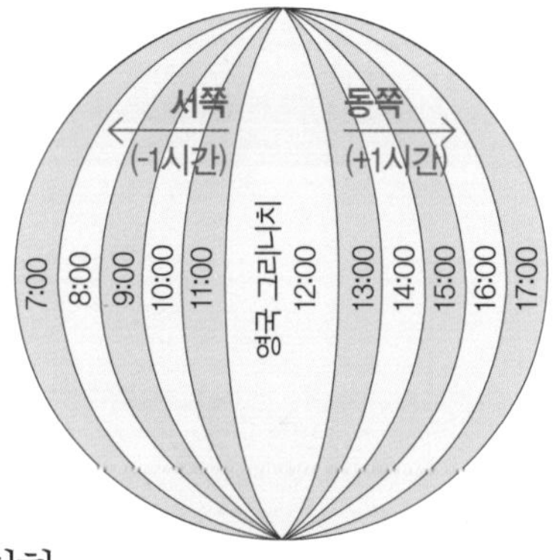

▲ 표준시

나라마다 시간이 다른 이유를 이제 잘 알겠지요? 다른 나라에 있는 사람과 연락하거나 여행을 갈 때 우리나라와 시간이 얼마나 차이 나는지 미리 알면 편리할 거예요.

▲ 영국 그리니치 천문대

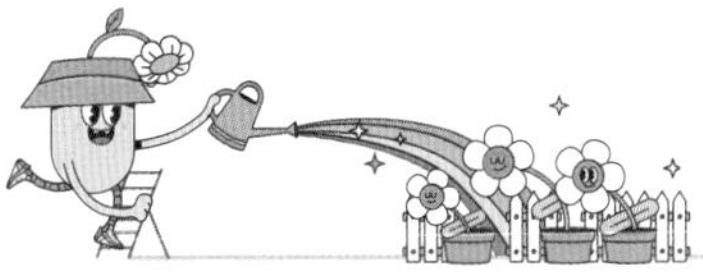

어휘 알기 **색칠한 낱말과 초성을 보고 뜻풀이에 알맞은 낱말을 ___에 쓰세요.**

ㅈ ㅈ 천체가 스스로 회전함. 또는 그런 운동. ________

ㅅ ㄷ 물체가 나아가거나 일이 진행되는 빠르기. ________

ㅊ ㅁ ㄷ 우주의 행성, 위성 따위를 관측하고 연구하기 위해 설치한 시설. ________

독해력 기르기

01 이 글은 무엇에 대해 설명하는 글인지 빈칸에 알맞은 말을 쓰세요.

☐☐가 생기는 이유

02 시차에 대한 설명으로 알맞지 않은 것은 무엇인가요? ( )

① 우리나라와 영국의 시차는 9시간이다.
② 시차는 세계 각 지역의 시간 차이를 말한다.
③ 우리나라가 낮 12시일 때 지구 반대편 브라질도 낮 12시이다.
④ 땅이 넓은 나라는 같은 나라에서 지역별로 시차가 생기는 경우도 있다.
⑤ 나라마다 해가 뜨고 지는 시각이 달라서 시차가 발생한다.

03 이 글을 읽고 알 수 없는 것에 × 하세요.

(1) 나라마다 시간이 다른 이유 ( )
(2) 세계 표준시를 정하게 된 까닭 ( )
(3) 세계 표준시를 영국 그리니치 천문대로 정한 까닭 ( )

04 표준시에 대해 바르게 이해하지 못한 친구의 이름을 쓰세요. (   )

> 준우: 나라마다 시간을 정하는 기준이 달라도 아무 문제 없잖아. 괜히 표준시를 정해서 시차를 계산하는 게 더 복잡해졌어.
> 고은: 미국의 도시인 뉴욕과 샌프란시스코는 시간이 달라. 그건 미국의 땅이 매우 넓기 때문이야.

05 이 글을 읽고, 시차를 바르게 이해하여 사용한 친구에 ○ 하세요.

(1)
영국이 아침 8시면
우리나라는 오후 5시구나. 영국에
있는 친구한테 전화할 땐 우리나라
시간으로 오후 5시 이후에
전화를 거는 게 좋겠어.

(2)
우리나라 안에서도
시차가 있을 수 있으니까 제주도에
여행 갈 때 제주도랑 서울의 시간이
얼마나 차이 나는지 알아보고
가는 게 좋겠어.

06 이 글의 내용을 요약했어요. 빈칸에 들어갈 알맞은 말을 쓰세요.

처음	세계 각 지역의 시간 차이를 ①□□라고 한다.
가운데	· 시간은 어디서나 똑같은 ②□□로 흐르는데, 지구의 자전으로 나라마다 해가 뜨고 지는 시각이 달라 시차가 생긴다. · 영국 ③□□□□ 천문대를 기준으로 총 24개의 표준 시간대를 정하고, 영국과의 거리에 따라 나라별 표준시가 정해졌다.
끝	다른 나라에 여행 갈 때 미리 시차를 알아보면 좋다.

① ________ ② ________ ③ ________

어휘력 더하기

시(時)가 들어간 낱말

빈칸에 주어진 글자를 써넣어 한자어를 완성하세요.

時
때 시

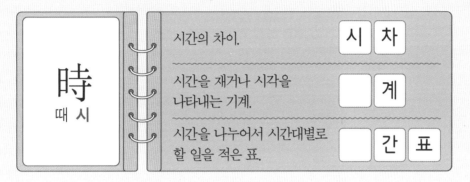

시간의 차이.	시 차
시간을 재거나 시각을 나타내는 기계.	□ 계
시간을 나누어서 시간대별로 할 일을 적은 표.	□ 간 표

뜻이 여러 개인 말

밑줄 친 말이 어떤 뜻으로 쓰였는지 번호를 쓰세요.

칸캄하다

① 아주 까맣게 어둡다.

② 희망이 없는 상태에 있다.

(1) 어느새 날이 저물어 <u>캄캄하다</u>. (　　)

(2) 앞으로 어떻게 공부할지 앞날이 <u>캄캄하다</u>. (　　)

(3) 우리나라가 낮일 때 지구 반대편은 <u>캄캄한</u> 밤이다. (　　)

토픽 한 줄 정리

해외여행 갈 때 미리 알아보면 좋은 것은?

□ 시차　□ 날씨　□ 구경할 곳　□ ________

왜냐하면 ________________

과거나 미래로 갈 수 있을까?
궁금하면 다음 장을 넘겨 봐! >>>>>

미래에 간 스크루지

크리스마스 전날이었어요.

"메리 크리스마스! 행복한 성탄절 보내세요!"

구두쇠 스크루지는 크리스마스라고 들뜬 사람들을 보며 얼굴을 찌푸렸어요. 불우 이웃 돕기 성금을 모금하는 사람의 손을 거칠게 뿌리쳤고요.

스크루지는 혼자 사는 낡은 집으로 돌아와 난롯가에 앉았어요. 깜빡 잠이 들었을 때였어요. 시커먼 망토로 감싼 유령이 스크루지에게 다가왔어요.

"나는 미래의 유령이다."

미래의 유령이 스크루지를 도시의 한복판으로 데려갔어요. 상인들이 짐 꾸러미에서 낯익은 옷을 꺼내며 말했어요.

"구두쇠 영감이 입었던 옷까지 싹 벗겨 왔지."

"죽은 영감을 지키는 사람이 아무도 없었어?"

"누가 그 고약한 영감의 장례식에 가겠어."

스크루지가 상인들이 말하는 영감이 누구냐고 물었지만, 미래의 유령은 대답 없이 그를 어느 부부의 집으로 이끌었어요.

"그 영감이 죽은 덕분에 드디어 빚 독촉에서 벗어나게 되었어."

부부는 손을 맞잡고 ㉠눈물을 글썽였어요.

그다음엔 교회 묘지로 갔어요. 스크루지는 무덤 앞에 있는 묘비에서 자신의 이름을 발견했어요.

"안 돼!"

스크루지는 신음을 뱉으며 유령의 손을 덥석 잡았어요.

"유령님, 어떻게 하면 미래를 바꿀 수 있을까요? 제발 말씀해 주세요."

유령이 스르륵 사라지자, 스크루지는 밤새도록 ㉡눈물을 흘렸어요.

날이 밝자, 스크루지는 커다란 칠면조를 사서 사무실 직원에게 가져다줬어요. 어리둥절해하는 직원을 뒤로하고 스크루지는 불우 이웃 돕기 성금을 내러 달려갔답니다.

어휘 알기

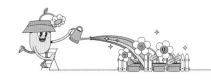

색칠한 낱말과 초성을 보고 뜻풀이에 알맞은 낱말을 ___에 쓰세요.

ㄷ ㅊ 일이나 행동을 빨리 하도록 재촉함. ________

ㅅ ㄱ 정성으로 내는 돈. ________

ㅈ ㄹ ㅅ 죽은 사람을 땅에 묻거나 화장하며 치르는 의식. ________

독해력 기르기

01 이 글의 내용으로 알맞으면 ○, 알맞지 않으면 × 하세요.

(1) 스크루지는 미래에서 자신의 무덤을 보았다. (　　)

(2) 미래에서 스크루지가 죽자, 많은 사람들이 그의 죽음을 슬퍼했다. (　　)

(3) 미래의 유령을 만난 후에도 스크루지는 여전히 구두쇠처럼 행동했다. (　　)

02 ㉠과 ㉡의 눈물의 차이를 알맞게 이해한 친구의 이름을 쓰세요. (　　)

주완: ㉠은 속상해서 흘리는 눈물이고, ㉡은 슬퍼서 흘리는 눈물이야.
이서: ㉠은 기뻐서 흘리는 눈물이고, ㉡은 반성하며 흘리는 눈물이야.

03 스크루지가 어떤 일을 겪었는지 순서대로 기호를 쓰세요.

㉮ 교회 묘지에서 자신의 무덤을 보았다.

㉯ 상인들이 누군가를 험담하는 것을 보았다.

㉰ 미래의 유령이 스크루지를 찾아왔다.

(　　) → (　　) → (　　)

04 시간에 따른 스크루지의 행동을 각각 알맞게 선으로 이으세요.

(1) 자신의 미래 모습을 보기 전 •　　　　• ㈎ 사무실 직원에게 친절을 베풀었다.

(2) 자신의 미래 모습을 본 후 •　　　　• ㈏ 사람들을 보며 얼굴을 찌푸렸다.

05 이 글에 대한 감상을 알맞게 말하지 <u>못한</u> 친구에 ○ 하세요.

(1) 스크루지가 반성하고 변하는 모습이 인상적이야. 스크루지 같은 구두쇠 친구가 있다면 이 이야기를 꼭 해 줘야지.

(2) 스크루지는 미래 유령을 만나서 신기하고 재미있었을 것 같아.

(3) 나도 미래의 내 모습을 보고 싶어. 스크루지처럼 지금 나의 모습에서 반성하고 고쳐야 할 점이 있는지 알고 싶거든.

06 이 글의 내용을 요약했어요. 빈칸에 들어갈 알맞은 말을 쓰세요.

①□□□□□ 전날 밤에 ②□□의 유령이 스크루지를 찾아왔다. 미래에 간 ③□□□□는 도시의 상인과 가난한 부부가 자신에 대해 말하는 것을 들었고, 외롭게 죽은 미래의 자신을 보며 반성했다. 현재로 돌아온 스크루지는 자신의 미래를 바꾸기 위해 노력했다.

① ＿＿＿＿＿＿　② ＿＿＿＿＿＿　③ ＿＿＿＿＿＿

어휘력 더하기

꾸며 주는 말

빈 곳에 들어갈 알맞은 말에 ○ 하세요.

(1)

구두쇠
영감의 옷을
(싹 , 제발)
벗겨 왔어.

뜻 조금도 남기지 않고 전부.

(2)

사실이 아니라고
말씀해 주세요.
(제발 , 싹)
부탁입니다.

뜻 간절히 바라건대.

어울려 쓰는 말

문장에 어울리는 말에 ○ 하세요.

아무 어떤 사람을 특별히 정하지 않고 누군가를 가리키는 말.

① 아무도 + 부정 표현(아니다, 없다)	② 아무라도 + 긍정 표현(있다)

(1) 죽은 스크루지 곁에 아무도 (없었다 , 있었다).

(2) 약속 장소에 아직 아무도 (안 왔다 , 왔다).

(3) 이 문제는 너무 쉬워서 아무라도 풀 수 (있다 , 없다).

토픽 한 줄 정리

미래의 유령을 만날 수 있다면 너의 선택은?

☐ 미래의 유령을 만나야지!　　☐ 미래의 유령을 만나지 않을 거야!

왜냐하면 ______________________________

시간을 보관할 수 있을까?
궁금하면 다음 장을 넘겨 봐! >>>>>

서울 천 년 타임캡슐

1994년 11월 29일은 서울 남산골에 '서울 천 년 타임캡슐'을 묻은 날이다. 타임캡슐이란 한 시대를 대표할 수 있는 여러 가지 물건들을 담은 용기로, 보통 땅속에 보관된다. 오늘, 타임캡슐을 묻은 날을 기념하여 남산골 한옥 마을 안에 있는 서울 천 년 타임캡슐 광장을 찾았다.

1994년은 조선이 한양, 지금의 서울을 수도로 정한 지 600년이 되는 해이다. 서울시는 여기에 400년을 더해, 2394년 11월 29일에 열 예정으로 타임캡슐을 제작했다. 보신각 종 모양의 타임캡슐에는 운전면허증, 신용 카드, 자동차 번호판, 각종 기록을 담은 영상물 등 1990년대 초 서울의 모습을 대표하는 물품 600점을 넣었다. 특수 재질로 만든 타임캡슐은 진공 처리되어 물이나 흙이 새어 들어가지 않아 내용물을 오랫동안 안전하게 보관할 수 있다.

광장에서 만난 한 시민은 "먼 미래의 후손들이 1990년대의 물건들을 접하면 어떤 느낌일지 궁금하고 설렌다."라고 말했다. 또 다른 시민은 "타임캡슐은 과거와 현재를 이어 주는 돌다리 같다."라며 타임캡슐의 의미를 표현해 주었다.

타임캡슐은 1939년 뉴욕 박람회에서 처음 등장한 뒤로, 세계 곳곳에서 제작되고 있다. 시간을 담을 수는 없지만, 시간이 만든 한 시대의 모습은 타임캡슐에 담아 먼 미래에 전달할 수 있다. 우리가 묻은 타임캡슐이 미래 세대에 무사히 전해지기를 기대한다.

▲ 서울 천 년 타임캡슐 광장

어휘 알기 **색칠한 낱말과 초성을 보고 뜻풀이에 알맞은 낱말을 ___에 쓰세요.**

ㅅ ㄷ 한 나라의 통치 기관이 있는 정치적 활동의 중심지. ____________

ㅅ ㄷ 역사적으로 어떤 표준에 의하여 구분한 일정한 기간. ____________

ㅈ ㄱ 일정한 공간에 공기 등 물질이 전혀 없는 것. 또는 공기가 거의 없는 상태. ____________

독해력 기르기

01 이 글에 대한 설명으로 알맞지 않은 것은 무엇인가요? (　　　)

① 서울 천 년 타임캡슐에 대한 사실을 전달하는 기사문이다.
② 서울 천 년 타임캡슐을 언제, 어디에 보관했는지 알려 준다.
③ 서울 천 년 타임캡슐 광장에서 만난 시민과 인터뷰를 한 내용이 있다.
④ 타임캡슐의 문제점에 대해 알리는 내용이 있다.
⑤ 타임캡슐이 무엇이고, 어떤 쓰임이 있는지 알려 준다.

02 이 글에서 설명한 타임캡슐에 대한 내용으로 알맞은 것에 모두 ○ 하세요.

(1) 타임캡슐은 보통 땅속에 보관된다. (　　　)
(2) 타임캡슐은 한 시대의 모습을 먼 과거에 전달할 수 있다. (　　　)
(3) 타임캡슐은 한 시대를 대표하는 여러 가지 물건들을 담은 용기이다. (　　　)

03 '서울 천 년 타임캡슐'에 대한 설명으로 알맞은 말을 빈 곳에 쓰세요.

(1) 서울 천 년 타임캡슐은 서울 남산골 ____________ 마을 안에 있다.

(2) 1990년대 초 ____________ 의 모습을 대표하는 물품들이 담겨 있다.

(3) 서울 천 년 타임캡슐은 보신각 ____________ 모양이다.

04 이 글을 읽고 두 친구가 나눈 대화예요. 타임캡슐에 대해 알맞게 이해한 친구의 이름을 쓰세요. (   )

> **진아:** 2394년에 살고 있는 사람들은 지금과 전혀 다른 모습의 물건들을 쓰고 있겠지? 타임캡슐 안에 담긴 1990년대 초의 물건들을 보며 정말 신기해 할 것 같아.
>
> **창엽:** 맞아. 하지만 과연 그때까지 타임캡슐 안에 담긴 물건들이 무사히 보관될까? 타임캡슐을 땅속에 묻으면 그 안으로 땅속 곤충들이 들어갈 텐데 말이야.

05 이 글을 읽고 타임캡슐에 대한 생각을 알맞게 말한 친구에 ◯ 하세요.

(1) 타임캡슐로 현재의 물건을 미래에 전달할 수 있으니 마치 시간을 전달하는 것과 비슷한 느낌이 들어.

(2) 미래 사람들에게 과거의 물건은 아무 쓸모 없을 거야. 굳이 오늘날의 물건을 미래로 전달할 필요는 없지.

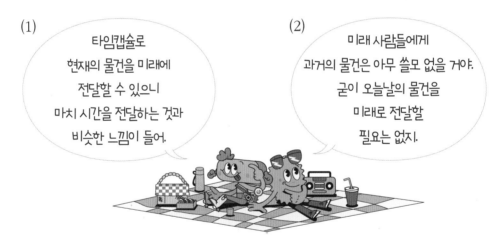

06 이 글의 내용을 요약했어요. 빈칸에 들어갈 알맞은 말을 쓰세요.

> 서울을 수도로 정한 지 600년이 되는 해를 기념하며 1994년에 서울 남산골에 ①□□□□을 묻었다. 타임캡슐에는 1990년대 초 ②□□의 모습을 대표하는 물건들을 담았다. 타임캡슐은 한 시대의 모습을 그대로 보관하여 먼 ③□□에 전달할 수 있다.

① ____________ ② ____________ ③ ____________

어휘력 더하기

낱말의 반대말

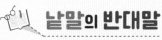

다음 낱말의 반대말을 모두 찾아 ○ 하세요.

(1) 넣다
어떤 공간 속에 들어가게 하거나 들어 있게 하다.
⇕
빼다 / 꺼내다 / 담다

(2) 후손
자신의 세대에서 여러 세대가 지난 뒤의 자녀를 이르는 말.
⇕
조상 / 자손 / 선조

(3) 안전
위험이 생기거나 사고가 날 염려가 없는 상태.
⇕
불안전 / 위험 / 금지

올바른 발음

밑줄 친 말의 올바른 발음에 ○ 하세요.

(1) 타임캡슐에 물건을 넣다 [너타 , 너따].

(2) 하늘이 파랗다 [파라타 , 파라따].

(3) 여기에 물건을 놓지 [노치 , 노지] 마세요.

(4) 친구와 사이좋게 [사이조케 , 사이조께] 놀아라.

받침'ㅎ' 뒤에 오는 'ㄱ', 'ㄷ', 'ㅈ'은 [ㅋ], [ㅌ], [ㅊ]으로 소리 나. '좋다'는 [조타]로, '좋지'는 [조치]로 읽어야 해.

토픽 한 줄 정리

타임캡슐에 담고 싶은 것은?

☐ 사진 ☐ 일기장 ☐ 편지 ☐ 휴대 전화 ☐ ________

왜냐하면 ________________________________

사람들은 언제부터 시계를 사용했을까?
궁금하면 다음 장을 넘겨 봐! >>>>>

시계의 역사

시계를 보면 시간을 정확히 알 수 있어요. 시계는 언제부터 만들어지고, 어떻게 발전해 왔을까요?

오래전에 사람들은 해를 올려다보며 시간을 짐작했어요. 그러다 해의 위치에 따라 변하는 그림자의 방향과 길이를 보고 시간을 재는 해시계를 만들었어요. 하지만 날이 흐리거나 밤이 되면 그림자가 생기지 않아서 시간을 잴 수 없었어요.

그래서 밤이나 흐린 날에도 쓸 수 있는 물시계가 나왔어요. 물이 일정하게 떨어지도록 물통에 작은 구멍을 뚫은 형태였어요. 물통에 물을 가득 채워 놓고, 점차 줄어드는 물의 높이를 보며 시간을 쟀어요. 하지만 물을 계속 채워야 해서 번거로웠고, 날씨가 추워지면 물이 얼어서 쓸 수 없었어요.

이러한 문제를 해결해 준 것이 기계 시계예요. 줄에 매달린 추가 아래로 내려가며 톱니바퀴를 돌려서 정해진 시각에 종이 울리게 만든 형태였어요. 그러고 나서 시각을 나타내는 숫자판과 시곗바늘이 달린 태엽 시계가 나왔어요. 태엽이 조금씩 풀리며 톱니바퀴를 움직이면 시곗바늘이 돌아가는 원리였어요. 같은 원리로 회중시계나 손목시계처럼 작은 시계도 만들었어요.

그다음에 전자시계가 나왔어요. 전자시계는 태엽이 아닌 전지로 톱니바퀴를 움직여서 더 정확하게 시간을 잴 수 있어요. 또 시곗바늘을 사용하지 않고 숫자로 시간을 나타내는 디지털시계도 나왔지요.

사람들은 더 편리하고 정확하게 시간을 재기 위해 시계를 발전시켜 왔어요.

어휘 알기 색칠한 낱말과 초성을 보고 뜻풀이에 알맞은 낱말을 ___에 쓰세요.

ㅊ 끈에 매달려 늘어진 물건. ______

ㅌ ㅇ 얇고 긴 강철 띠를 돌돌 말아 그 풀리는 힘으로 시계 따위를 움직이게 하는 장치. ______

ㅎ ㅈ ㅅ ㄱ 주머니에 넣거나 몸에 지닐 수 있게 만든 작은 시계. ______

독해력 기르기

01 이 글에서 시계에 대해 설명한 내용을 각각 알맞게 선으로 이으세요.

(1) 해시계 •

(2) 물시계 •

(3) 기계 시계 •

• (가) 구멍을 뚫은 물통에 물을 채우고, 점차 줄어드는 물의 높이를 보며 시간을 재는 시계

• (나) 해의 위치에 따라 변하는 그림자의 방향과 길이를 보고 시간을 재는 시계

• (다) 줄에 매달린 추가 아래로 내려가며 톱니바퀴를 움직여 정해진 시각에 종이 울리게 만든 시계

02 이 글의 제목이 '시계의 역사'인 까닭을 알맞게 이해한 친구의 이름을 쓰세요.

( )

이현: 지금 쓰는 시계 말고 과거의 시계에 대해 알려 주는 글이기 때문이야.
윤호: 시계가 어떻게 변해 왔는지 그 발전 과정을 설명하는 글이기 때문이야.

03 다음 중 가장 나중에 만들어진 시계는 무엇인가요? (   )

① 물시계　　② 해시계　　③ 태엽 시계
④ 전자시계　　⑤ 기계 시계

04 사람들이 시계를 발전시킨 이유를 알맞게 말하지 못한 친구에 ○ 하세요.

(1)

시계가 점점 발전한 건 사람들이 더 편리하게 쓸 수 있는 시계를 만들려고 노력했기 때문이야.

(2)

사람들은 시각을 더 정확하게 재기 위해 여러 가지 시도를 했어. 그 결과 오늘날의 시계가 만들어진 거야.

(3)

옛사람들은 모르는 것도 많고, 좋은 물건을 만드는 능력이 부족했어. 세월이 흐르면서 사람들이 똑똑해졌기 때문이야.

05 이 글의 내용을 요약했어요. 빈칸에 들어갈 알맞은 말을 쓰세요.

처음	시계는 언제부터 만들어지고, 어떻게 발전해 왔을까?			
가운데	해시계	②□□□	기계 시계	전자시계
	해의 위치에 따라 변하는 ①□□□의 방향과 길이로 시간을 쟀다.	물통에 물을 가득 채우고, 줄어드는 물의 높이로 시간을 쟀다.	추 또는 태엽으로 톱니바퀴를 움직여 시간을 쟀다.	태엽이 아닌 ③□□로 톱니바퀴를 움직여 시간을 쟀다.
끝	사람들은 더 편리하고 정확하게 시간을 재려고 시계를 발전시켰다.			

① ________________　② ________________　③ ________________

어휘력 더하기

낱말 퍼즐

가로 풀이와 세로 풀이를 보고, 뜻에 알맞은 말을 빈칸에 쓰세요.

❶	① 전	■	■
■	지	■	■
■	■	■	②
■	■	❷ 기	계

가로 풀이

❶ 더 낫고 좋은 상태나 더 높은 단계로 나아감.

❷ 일정한 힘을 써서 움직이거나 일을 하는 장치.

세로 풀이

① 전기를 담아서 필요할 때 쓸 수 있게 만든 물건.

② 시간을 재거나 시각을 나타내는 기계나 장치.

틀리기 쉬운 말

바르게 쓰인 말에 ◯ 하세요.

(1) 나는 숙제를 했다. (그러고 나서 , 그리고 나서) 놀았다.

(2) 사람들은 물시계를 사용했다. (그러고 나서 , 그리고 나서) 기계 시계를 만들었다.

(3) 동생이 울었다. (그러고 나서 , 그리고 나서) 잠들었다.

'그러고 나서'는 '그러다'에 '-고 나서'가 연결되어 만들어진 말이야.

토픽 한 줄 정리

네가 써 보고 싶은 시계는?

☐ 해시계 ☐ 물시계 ☐ 기계 시계 ☐ 전자시계

왜냐하면 ______________________________

별이 된 일곱 쌍둥이 이야기가 있다고?

새로운 별은 어떻게 생겨날까?

별은 왜 하늘에 떠 있을까?

별

| 스스로 빛을 내는 천체.

조상들은 어떻게 별을 관측했을까?

사람들은 왜 별자리를 만들었을까?

오늘 밤에는 어떤 별자리가 보일까?

별은 언제 사라질까?

사람들은 어떻게 별자리에 이름을 붙였을까?

별을 연구한 과학자는 누구일까?

북두칠성이 된 일곱 쌍둥이

하늘 나라 칠성님과 땅에 사는 매화 부인 사이에서 일곱 명의 아들 쌍둥이가 태어났어요. 칠성님이 하늘로 돌아가자, 매화 부인은 홀로 아이들을 키웠어요.

"어머니, 우리 아버지는 어디에 계세요?"

매화 부인이 사실을 알려 주자, 일곱 아들은 아버지를 만나러 하늘 나라로 떠났어요. 칠성님은 일곱 아들을 반기며 무척 사랑했지요. 하지만 칠성님의 하늘 나라 아내인 용예 부인은 질투가 나서 일곱 아들을 없애려 했어요.

어느 날, 용예 부인이 칠성님 앞에서 아픈 시늉을 하며 말했어요.

"용한 점쟁이가 말하길, 제 병이 나으려면 일곱 아이의 간이 필요하답니다."

그때 매화 부인은 일곱 아들을 그리워하며 하늘을 올려다보고 있었어요. 그러다 문득 일곱 아들에게 위험한 일이 닥칠 것을 알게 되었어요. 매화 부인은 하늘 나라로 올라가기 위해 연못에 몸을 던졌어요. 매화 부인의 영혼은 사슴의 모습으로 칠성님을 찾아갔어요.

"칠성님, 제 배에서 일곱 개의 간을 꺼내 용예 부인에게 주세요."

말을 마친 사슴이 털썩 쓰러졌어요. 칠성님이 사슴의 배를 갈라 보니 간이 일곱 조각으로 쪼개져 있었어요. 칠성님이 간을 용예 부인에게 가져다주자, 용예 부인은 일곱 아들의 간이라 생각하며 기뻐했어요. 그때 용예 부인의 머리로 번쩍, 벼락이 떨어졌어요. 용예 부인은 두더지로 변해 달아났지요. 그제야 칠성님은 사슴이 매화 부인이었다는 걸 깨달았어요.

자초지종을 들은 일곱 아들은 연못에서 어머니를 건져 하늘로 올라갔어요. 칠성님은 하염없이 눈물을 흘리는 일곱 아들을 별이 되게 했어요. 슬픔을 견디고 영원히 빛나라고요.

별이 된 일곱 아들은 어머니 은혜를 새기며 길 잃은 사람에게 길잡이가 되어 주었어요. 그 별이 바로 북두칠성이에요.

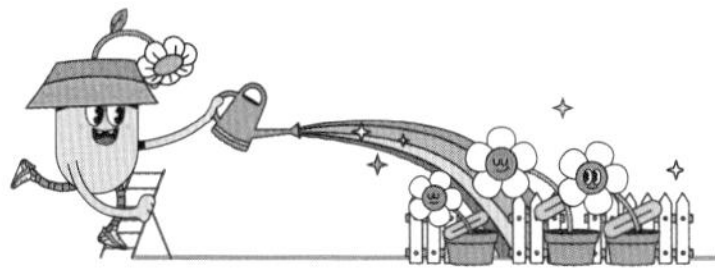

어휘 알기 색칠한 낱말과 초성을 보고 뜻풀이에 알맞은 낱말을 ___에 쓰세요.

ㄱ	ㅈ	ㅇ		길을 안내해 주는 사람이나 사물.	________
ㅎ	ㅇ	ㅇ	ㅇ	어떤 행동이나 마음 상태가 의지와 상관없이 계속되며.	________
ㅈ	ㅊ	ㅈ	ㅈ	처음부터 끝까지의 과정.	________

독해력 기르기

01 이 글에 나온 인물과 인물이 한 일을 각각 알맞게 선으로 이으세요.

(1) 칠성님 • • (가) 질투가 나서 일곱 아들을 죽이려고 거짓말을 했다.

(2) 매화 부인 • • (나) 일곱 아들을 하늘의 별이 되게 했다.

(3) 용예 부인 • • (다) 일곱 아들을 구하려고 연못에 몸을 던져 죽었다.

02 이 글의 내용으로 알맞으면 ○, 알맞지 않으면 × 하세요.

(1) 용예 부인은 두더지로 변했다. ( )

(2) 일곱 아들은 하늘 나라에 가서 칠성님을 만났다. ( )

(3) 매화 부인은 칠성님과 함께 일곱 아들을 키웠다. ( )

(4) 칠성님은 일곱 아들의 간을 용예 부인에게 가져갔다. ( )

03 이 글에 나온 인물의 행동을 바르게 이해하지 <u>못한</u> 친구의 이름을 쓰세요.

( )

이나: 칠성님이 일곱 아들을 별이 되게 한 것은 일곱 아들이 별이 되어 슬픔을 견디고 영원히 빛나길 바랐기 때문이야.

효은: 어머니와 함께 살던 일곱 아들이 아버지를 만나러 하늘 나라로 떠난 것은 어머니와 함께 살기 싫었기 때문이야.

윤슬: 매화 부인이 연못에 몸을 던진 것은 죽어서 영혼이 되어야 하늘 나라에 있는 일곱 아들을 도와줄 수 있다고 생각했기 때문이야.

04 이 글에 대한 감상을 알맞게 말하지 <u>못한</u> 친구에 ○ 하세요.

(1) 일곱 아들을 홀로 키우고, 아들들을 위해 목숨을 바친 매화 부인이 안타까워. 일곱 아들이 너무 슬퍼했을 것 같아.

(2) 일곱 아들이 북두칠성이 되어 지금도 하늘에 떠 있다는 이야기구나. 일곱 아들을 생각하며 북두칠성을 찾아봐야겠어.

(3) 용예 부인이 벼락을 맞고 두더지로 변했을 때 속상했어. 일곱 아들을 도와주려다 억울하게 벌을 받은 거잖아.

05 이 글의 내용을 요약했어요. 빈칸에 들어갈 알맞은 말을 쓰세요.

칠성님과 매화 부인 사이에서 태어난 ①□□ 쌍둥이는 하늘 나라에 올라가 칠성님을 만났다. 칠성님의 하늘 나라 아내인 용예 부인은 일곱 아들을 질투하며 없애려고 했다. 매화 부인의 영혼이 ②□□이 되어 일곱 아들을 구했고, 용예 부인은 벌을 받아 두더지가 되었다. 칠성님은 일곱 아들을 별이 되게 했고, ③□□□□은 지금도 하늘에서 사람들을 돕고 있다.

① ________ ② ________ ③ ________

어휘력 더하기

꾸며 주는 말

빈 곳에 들어갈 알맞은 말에 ○ 하세요.

(1)

매화 부인은 (문득 , 홀로) 일곱 아들을 키웠다.

뜻 자기 혼자서만.

(2)

매화 부인은 (문득 , 홀로) 아들들이 위험한 것을 깨달았다.

뜻 생각이나 느낌이 갑자기 떠오르는 모양.

뜻이 여러 개인 말

밑줄 친 말이 어떤 뜻으로 쓰였는지 번호를 쓰세요.

새기다

① 어떤 것을 파서 글씨나 무늬를 나타내다.

② 적거나 인쇄하다.

③ 잊지 않도록 마음속에 깊이 기억하다.

(1) 나무 조각에 예쁜 무늬를 새겼다. (　　)

(2) 작가가 자신이 쓴 책에 이름을 새겨 넣었다. (　　)

(3) 쌍둥이는 어머니의 은혜를 새기며 사람들을 도왔다. (　　)

토픽 한 줄 정리

만약 네가 일곱 쌍둥이라면 칠성님을 만나러 하늘 나라에 갈 거니?

☐ 칠성님을 만나러 갈 거야!　☐ 하늘 나라에 가지 않고 어머니랑 살 거야!

왜냐하면 ______________________

별은 어떻게 만들어지는 걸까?
궁금하면 다음 장을 넘겨 봐! >>>>>

별의 탄생과 죽음

한국 천문 연구원이 오늘, '시민과 함께 보는 초신성 폭발 순간' 행사를 열었다. 이 행사에서 시민들은 초신성 사진을 보며, 별의 탄생과 죽음에 대해 배우는 시간을 가졌다.

우주 공간은 무수한 티끌과 가스로 가득 차 있다. 그리고 이 티끌과 가스가 뭉쳐진 가스 덩어리도 존재한다. 덩어리를 이룬 가스가 중심을 향해 계속 움직이면 중심 부분의 온도가 점점 올라간다. 그 온도가 일천만 도(℃)에 이르면 성분이 바뀌면서 스스로 빛을 내는 별이 된다. 이렇게 빛을 내는 별이 되기까지 수백만 년 이상의 긴 시간이 걸린다.

새로 탄생한 별은 점점 자라 어른 별이 된다. 그 별이 수명을 다하면 별을 이루고 있던 가스들이 한꺼번에 별의 중심을 향해 빨려 들어가며 엄청난 열과 빛을 내면서 폭발한다. 이것을 '초신성'이라고 한다. 초신성은 어마어마한 폭발을 일으키는 별의 죽음이다. 초신성 폭발로 별을 이루던 가스는 우주로 흩어졌다가 다시 모이면서 새로운 별이 된다.

행사에 참여한 김민지 어린이는 "별이 죽을 때 밝게 빛나며 폭발한다는 사실을 알게 되었다."라며 놀라워했다. 자녀들을 데리고 행사에 참여한 학부모는 "별도 사람처럼 태어나고 죽는 생명체 같다."라는 소감을 말했다.

한국 천문 연구원은 앞으로도 시민과 함께하는 행사를 개최할 것이라며, 한국 천문 연구원과 각 지역 천문대 등의 홈페이지를 통해 행사 소식을 전하겠다고 밝혔다.

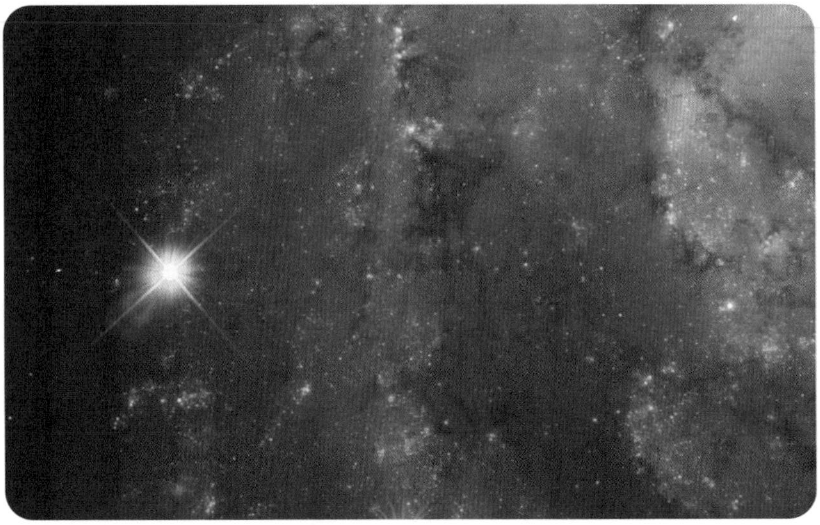

▲ 허블 우주 망원경으로 포착한 초신성 (왼쪽 밝은 점)

어휘 알기 색칠한 낱말과 초성을 보고 뜻풀이에 알맞은 낱말을 ___에 쓰세요.

ㅌ ㄲ 티와 먼지를 통틀어 이르는 말. ______

ㄱ ㅅ 수소, 산소 같은 기체를 모두 이르는 말. ______

ㅅ ㅁ ㅊ 생명이 있는 물체. ______

독해력 기르기

01 이 글에서 별이 죽음을 맞이하며 폭발하는 것을 무엇이라고 했나요? 빈칸에 알맞은 말을 쓰세요.

☐☐☐

02 이 글에서 설명한 별의 탄생 과정을 순서에 맞게 기호를 쓰세요.

㉮ 가스들이 중심을 향해 계속 움직이면 중심 부분의 온도가 점점 올라감.
㉯ 우주 공간의 가스들이 한 덩어리로 뭉쳐짐.
㉰ 가스 중심 부분의 온도가 일천만 도에 이르면 스스로 빛을 내는 별이 됨.

(　　) → (　　) → (　　)

03 이 글을 쓴 까닭은 무엇인지 빈칸에 알맞은 말을 쓰세요.

'시민과 함께 보는 초신성 폭발 순간' 행사를 소개하며

별의 ☐☐ 과 ☐☐ 에 대한 정보를 전달하기 위해

해답·해설 104쪽

04 이 글을 읽고 별의 탄생과 죽음에 대해 바르게 이해하지 <u>못한</u> 친구의 이름을 쓰세요.

( )

서원: 별이 스스로 빛나는 상태가 되고, 어른 별이 되었다가 폭발하며 사라지는 모든 과정이 놀랍고 신기했어.

희재: 아무리 빛나는 별도 죽음을 맞이할 때는 빛나지 않는다는 걸 알았어.

이삭: 별이 스스로 빛을 내는 상태가 되려면 가스 덩어리가 엄청나게 뜨거워져야 한다는 사실을 알게 되었어.

05 이 글에서 설명한 내용으로 알맞지 <u>않은</u> 것은 무엇인가요? ( )

① 우주 공간은 무수한 티끌과 가스로 가득 차 있다.

② 초신성은 별이 죽을 때 폭발하면서 매우 밝게 빛나는 것이다.

③ 별이 수명을 다하면 가스들은 한꺼번에 별의 중심을 향해 빨려 들어간다.

④ 우주의 가스 덩어리의 온도가 일천만 도가 넘으면 스스로 빛을 내는 별이 된다.

⑤ 별이 탄생하고 초신성 폭발이 일어나기까지 수십만 년 정도의 시간이 걸린다.

06 이 글의 내용을 요약했어요. 빈칸에 들어갈 알맞은 말을 쓰세요.

한국 천문 연구원이 '시민과 함께 보는 ①☐☐☐ 폭발 순간' 행사를 열었다. ②☐은 탄생하여 어른 별이 되었다가 폭발하며 죽음을 맞는다. 별의 죽음으로 우주에 흩어진 ③☐☐와 티끌은 다시 모여 새로운 별이 된다. 행사에 참여한 시민들은 이러한 과정이 놀랍고, 별도 사람처럼 태어나고 죽는 생명체 같다는 소감을 말했다.

① ________ ② ________ ③ ________

어휘력 더하기

뜻이 비슷한 말

밑줄 친 말과 비슷한 말을 찾아 선으로 이으세요.

별이 수명을 다하다.	회사가 행사를 개최하다.
뜻 어떤 것이 끝나거나 남아 있지 않다.	뜻 모임이나 회의 따위를 열다.

열다 · 망하다 · 끝나다 · 밝히다

올바른 띄어쓰기

밑줄 친 부분에서 띄어쓰기를 해야 하는 곳에 ✓표시를 하세요.

수백만 백만의 여러 배가 되는 수.

수를 나타내는
말 뒤에 단위를
나타내는 말을 쓸 때는
띄어 써야 해.

(1) 별이 탄생하기까지 수백만년의 시간이 걸린다.

(2) 대통령이 지나가자 수백만명이 환호했다.

(3) 이것은 백화점에서 수백만원에 팔리는 비싼 시계이다.

토픽 한 줄 정리

초신성이 폭발하는 장면을 본다면 어떤 기분이 들까?

☐ 무섭다 ☐ 멋지다 ☐ 슬프다 ☐ 아름답다

왜냐하면 ______________________

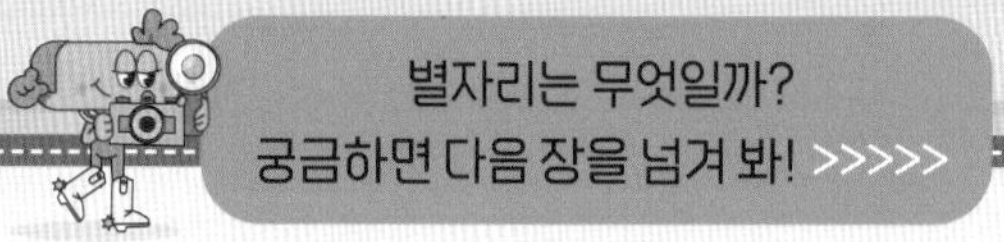
별자리는 무엇일까?
궁금하면 다음 장을 넘겨 봐! >>>>>

별들이 만드는 모양, □□□

밤하늘을 올려다보면 별이 빛나요. 사람들은 여러 개의 별을 무리 지어 재미있는 모양을 만들고 거기에 큰곰자리, 물병자리와 같은 이름을 붙였어요. 이를 '별자리'라고 해요.

사람들은 아주 오래 전부터 같은 계절, 같은 시각에 같은 별자리를 볼 수 있다는 걸 알았어요. 고대 이집트 사람들은 큰개자리에서 가장 밝은 별인 시리우스가 동쪽 하늘에 뜰 때 나일강이 범람한다는 것을 알았어요. 365일이 지나면 똑같은 일이 반복된다는 것도 알게 되었지요. 그래서 별자리를 보며 계절을 미리 알고, 그에 맞는 대비를 했어요.

바다를 항해하는 선원들이나 이리저리 떠돌아다니는 유목민들에게 별자리는 특히 중요했어요. 어떤 별자리가 어느 방향에 있는지를 알면, 동서남북 방향을 헤아릴 수 있었으니까요. 별자리가 길과 방향을 알려 주는 지도 역할을 한 거예요. 사람들이 별자리를 만들고 이름을 붙인 것도 밤하늘의 별을 쉽게 찾고 별의 위치를 기억하기 위해서예요.

밤하늘에 보이는 별자리는 계절마다 달라요. 지구는 일 년에 한 번 태양 주위를 도는 공전을 하기 때문에 지구의 위치는 매일 조금씩 달라져요. 그래서 우리가 계절마다 볼 수 있는 별자리도 달라져요. 각 계절 밤 9시경 남쪽 하늘에서 잘 보이는 별자리를 계절의 대표 별자리라고 해요. 우리나라에서 봄에는 처녀자리, 여름에는 백조자리, 가을에는 페가수스자리, 겨울에는 오리온자리 등이 잘 보여요.

오늘 밤하늘에서 어떤 별자리를 볼 수 있을까요? 하늘을 올려다보세요.

▲ 북두칠성이 있는 큰곰자리

▲ 우리나라의 여름철 대표 별자리인 백조자리

어휘 알기 색칠한 낱말과 초성을 보고 뜻풀이에 알맞은 낱말을 ___에 쓰세요.

ㅂ ㄹ 큰물이 흘러넘침. ______

ㅁ ㄹ 여럿이 한데 모여서 떼를 이룬 것. ______

ㅇ ㅁ ㅁ 소, 말, 양 등 가축을 기르며 물과 풀을 따라 옮겨 다니며 사는 민족. ______

독해력 기르기

01 이 글에 어울리는 제목이 되도록 알맞은 말을 쓰세요.

별들이 만드는 모양, [ ][ ][ ]

02 옛날 사람들이 별자리를 이용한 방법으로 알맞은 것을 모두 찾아 ○ 하세요.

(1) 고대 이집트 사람들은 별자리를 보며 계절을 예측했다. ( )

(2) 바다를 항해하는 선원들은 별자리로 동서남북 방향을 알아냈다. ( )

(3) 이리저리 떠돌아다니던 유목민들은 별자리로 미래를 예측했다. ( )

03 이 글에서 별자리에 대해 설명한 내용으로 알맞지 <u>않은</u> 것은 무엇인가요? ( )

① 계절마다 볼 수 있는 별자리가 다르다.

② 우리나라에서는 가을에는 페가수스자리, 겨울에는 오리온자리 등이 잘 보인다.

③ 우리가 볼 수 있는 별자리가 계절마다 다른 까닭은 지구가 공전하기 때문이다.

④ 계절의 대표 별자리는 각 계절에 동쪽 하늘에서 잘 보이는 별자리이다.

⑤ 사람들은 별을 쉽게 찾고, 기억하기 위해 별자리를 만들었다.

해답·해설 104쪽

04 이 글을 통해 알게 된 사실을 알맞게 말하지 <u>못한</u> 친구에 ◯ 하세요.

(1) 계절마다 보이는 별자리가 다르구나. 지금은 봄이니까 밤하늘에서 백조자리를 찾아봐야겠어.

(2) 별의 무리에 이름을 붙인 것이 별자리구나. 큰곰자리, 물병자리 등 별들이 모인 모양에 어울리는 이름을 붙인 게 재미있어.

(3) 옛날에 별자리를 보며 길과 방향을 찾았다는 사실을 알게 되었어. 하늘을 보며 길을 찾았다니 신기해.

05 이 글의 주요 내용을 바르게 이해하고 말한 친구의 이름을 쓰세요.

(　　　　　　　)

은유: 옛날과 오늘날 사람들이 별자리를 이용하는 방법이 어떻게 다른지 설명하는 글이야.
윤찬: 각 계절을 대표하는 별자리와 별자리의 모양을 설명하는 글이야.
리원: 별자리가 무엇이고, 사람들이 별자리를 어떻게 이용했는지 알려 주는 글이야.

06 이 글의 내용을 요약했어요. 빈칸에 들어갈 알맞은 말을 쓰세요.

사람들이 별의 무리에 이름을 붙인 것을 ①□□□라고 한다. 사람들은 아주 오랜 옛날부터 별자리를 이용하여 길과 ②□□을 알아냈다. 사람들이 별자리를 만들고 이름을 붙인 것은 밤하늘의 별을 쉽게 찾고 별의 위치를 쉽게 기억하기 위해서이다. ③□□에 따라 보이는 별자리가 다르다.

① ____________ ② ____________ ③ ____________

어휘력 더하기

이름을 나타내는 말

태양 주위를 돌고 있는 행성의 이름을 알아보고, 빈칸에 알맞은 이름을 쓰세요.

(1) 태양과 가장 가까운 행성의 이름은? ☐☐

(2) 우리가 살고 있는 행성의 이름은? ☐☐

(3) 태양계 행성 중 가장 큰 행성의 이름은? ☐☐

올바른 표기

밑줄 친 말이 알맞으면 [O], 알맞지 않으면 [×]에 ○ 하세요.

(1) 별자리를 알면, 동서남북 방향을 헤아릴 수 있다. [O] [×]

(2) 제가 지금 어떤 상황인지 헤아려 주세요. [O] [×]

(3) 네 말이 사실인지 거짓인지 해아리기 어렵다. [O] [×]

'헤아리다'는 '짐작하여 미루어 생각하다.'라는 뜻의 낱말이야. '헤'와 '해'는 소리가 비슷해서 틀리게 쓰기 쉬워. '해아리다'는 틀린 표기이므로 주의해!

토픽 한 줄 정리

이 별자리에 어울리는 이름을 지어 봐!

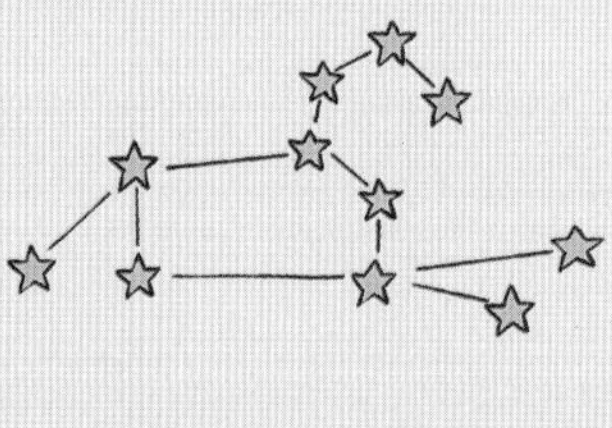

이 별자리의 이름은 ____________________

왜냐하면 ____________________

별을 연구한 과학자는 누구일까? 궁금하면 다음 장을 넘겨 봐!>>>>>

갈릴레오 갈릴레이

이탈리아의 과학자 갈릴레이는 1608년에 네덜란드의 안경 기술자가 망원경을 만들었다는 소식을 들었어요.

"멀리 떨어져 있는 것을 크게 볼 수만 있다면 알아낼 수 있는 건 아주 많지."

갈릴레이는 망원경의 원리가 무엇인지 알아본 뒤, 천체를 볼 수 있는 망원경을 만들었어요. 렌즈를 깎고 초점을 조정하며 망원경의 성능이 점점 좋아졌어요. 멀리 있는 별의 움직임이 눈에 들어올수록 그의 가슴에도 별이 돋아났지요.

그는 베네치아 교회 종탑으로 올라가 망원경으로 달을 관측했어요.

"아리스토텔레스는 달의 표면이 매끄럽다고 했는데, 울퉁불퉁하군."

갈릴레이는 심장이 두근거렸어요. 망원경에서 눈을 뗄 수가 없었어요.

"아니! 목성 주위를 도는 별들이 있네!"

당시 사람들은 모든 천체가 지구를 중심으로 돈다고 여기고 있었어요. 그래서 목성을 중심으로 돌고 있는 4개의 위성을 발견한 순간, 갈릴레이는 놀랄 수밖에 없었어요.

"위성이 목성 주위를 도는 것처럼 지구도 태양 둘레를 돌고 있는 거야!"

갈릴레이는 지구가 태양 둘레를 돈다고 했던 코페르니쿠스의 주장이 확실하다는 믿음이 생겼지요. 갈릴레이는 망원경으로 관측해 알게 된 사실들을 사람들에게 알리기 위해 『별에서 온 소식』이라는 책을 펴냈어요.

하지만 그 시절, 성직자들은 지구를 중심으로 태양이 돈다고 믿었기 때문에 갈릴레이의 발견은 성직자들을 분노하게 했어요. 결국 갈릴레이는 종교 재판을 받게 되었고, 지구가 태양 주위를 돈다는 주장이 틀렸다고 인정해야만 했어요. 하지만 재판을 받고 나오며 중얼거렸어요.

"그래도 지구는 돈다!"

어휘 알기 색칠한 낱말과 초성을 보고 뜻풀이에 알맞은 낱말을 ___에 쓰세요.

ㅊ	ㅊ		우주에 존재하는 모든 물체. 행성, 위성, 인공위성 따위를 통틀어 이른다.	______
ㅇ	ㅅ		지구, 화성, 목성 등의 행성 주위를 도는 천체.	______
ㅅ	ㅈ	ㅈ	목사, 신부, 승려 등 사람들에게 가르침을 주고 종교 의식을 치르는 사람.	______

독해력 기르기

01 갈릴레이가 한 일의 순서대로 기호를 쓰세요.

㉮ 목성 주위를 돌고 있는 위성을 발견했다.
㉯ 종교 재판을 받았고, 자신의 주장이 틀리다고 인정해야 했다.
㉰ 천체를 볼 수 있는 성능 좋은 망원경을 만들었다.

(   ) → (   ) → (   )

02 이 글을 읽고 알 수 있는 내용으로 알맞은 것에 ○ 하세요.

(1) 갈릴레이가 종교 재판을 받은 후 새롭게 발견한 우주의 법칙 (   )
(2) 갈릴레이가 위성이 목성 주변을 도는 것을 발견하게 된 과정 (   )

03 이 글을 통해 알 수 있는 갈릴레이의 특징으로 알맞은 것은 무엇일까요? (   )

① 여러 사람을 쉽게 잘 사귀고 친절하다.
② 자신의 기분에 따라 충동적으로 행동한다.
③ 호기심이 많고 탐구하는 것을 좋아한다.
④ 창의적으로 문제를 해결하는 능력이 뛰어나다.
⑤ 다른 사람의 의견을 무시하고 자신의 의견만 내세운다.

해답·해설 **105쪽**

04 이 글을 읽고 갈릴레이가 겪은 어려움을 알맞게 짐작한 친구의 이름을 쓰세요.

( )

다안: 종교 재판을 받고 난 후 자신의 잘못을 알게 되어 자신감이 떨어졌을 것 같아.

새아: 자신이 확실히 알고 있는 사실인데 성직자들의 반대 때문에 자신이 틀리다고 말해야 했을 때 너무 답답하고 속상했을 것 같아.

재완: 우주에서 새로운 천체를 더 이상 발견할 수 없어서 속상하고 힘들었을 것 같아.

05 이 글에 대한 감상을 알맞게 말하지 <u>못한</u> 친구에 ○ 하세요.

(1) 새롭게 발견한 우주의 현상을 사람들에게 알리고 사실을 증명하는 건 어려운 일이야.

(2) 누구나 지구가 태양 주위를 돌고 있다는 사실을 알고 있었는데, 성직자들만 몰랐구나.

(3) 갈릴레이처럼 천체를 연구하고 알린 과학자들 덕분에 우리가 우주에 대해 많은 것을 알게 된 것 같아.

06 이 글의 내용을 요약했어요. 빈칸에 들어갈 알맞은 말을 쓰세요.

갈릴레이는 멀리 있는 천체를 볼 수 있는 ①☐☐☐을 만들었다. 망원경으로 위성이 목성 주변을 돌고 있다는 것을 발견하고, 지구가 ②☐☐ 주위를 돌고 있다는 주장을 확실히 믿게 되었다. 하지만 성직자들은 갈릴레이의 주장에 분노하여 종교 ③☐☐을 열었고, 갈릴레이는 자신의 주장이 틀렸다고 인정해야만 했다.

① ________ ② ________ ③ ________

어휘력 더하기

뜻이 비슷한 말

다음 낱말과 뜻이 비슷한 말을 모두 골라 ○ 하고, 빈 곳에 쓰세요.

둘레
사물의 테두리나 바깥 언저리.
또는 사물의 바깥쪽을 한 바퀴 돈 길이.

주변 길이 주위 굴레

지구가 태양 ____________ 을(를) 도는 것이 확실해!

목성 ____________ 을(를) 도는 별들이 있구나!

헷갈리는 말

알맞은 말에 ○ 하세요.

떼다
눈여겨 지켜보던 것을 그만두다.

VS

때다
아궁이 따위에 불을 지피어 타게 하다.

(1) 갈릴레이는 망원경에서 눈을 (뗄 , 땔) 수 없었다.

(2) 아궁이에 불을 (떼니 , 때니) 금세 따뜻해졌다.

(3) 엄마는 아이에게서 눈을 (떼지 , 때지) 않았다.

'떼다'는 '붙어 있거나 이어져 있는 것을 떨어지게 하다.'라는 뜻도 있고, '보던 것을 그만두다.' 라는 뜻도 있어.

토픽 한 줄 정리

갈릴레이에게 하고 싶은 말은?

갈릴레이 아저씨! ____

____

우리 조상들은 별을 어떻게 관측했을까? 궁금하면 다음 장을 넘겨 봐! >>>>>

우리 조상들의 천문 관측 방법

날씨를 알면 언제 씨를 뿌리고 거둬들여야 하는지를 알 수 있어서 농사를 짓는 데 큰 보탬이 됐어요. 그래서 옛사람들은 날씨를 예측하기 위해 하늘의 변화를 살폈어요. 옛날에는 어떻게 천체를 관측했을까요?

우리나라에서 가장 오래된 천문 관측기구는 '첨성대'예요. 신라 선덕 여왕 때 만든 것으로, 조선 시대에 쓰인 기록에서 '별을 관측하는 곳'으로 소개했어요. 관측 방법에 대한 기록은 남아 있지 않지만, 첨성대의 네모진 꼭대기에 기구를 놓고 별자리를 관측했을 것으로 추측해요.

조선 시대 세종 대왕 때는 '혼천의'와 '간의'라는 관측기구를 만들어 사용했어요. 혼천의는 태양과 달 등의 행성의 움직임과 위치를 관측하던 기구예요. 삼국 시대 후기부터 만들어 사용했다고 하는데 정확한 기록은 없고, 조선 시대 때 세종 대왕의 명을 받아 장영실과 다른 과학자들이 함께 완성했다는 기록이 전해져요. 간의는 혼천의를 간단하게 만든 기구인데, 원나라에서 처음 만들었어요. 장영실은 이것을 우리나라에 맞게 고쳤어요. 혼천의와 간의는 조선의 천문학이 발전하는 데 큰 영향을 주었어요.

천문 관측을 담당하는 기관도 있었어요. 조선 시대 '관상감'은 천문, 기후 등에 관한 일을 맡아보던 관청이에요. 그곳에서 천문학자들은 매일 하늘의 변화와 별의 움직임을 관측하여 기록했어요.

이렇게 우리 조상들은 천체 관측을 중요하게 여겼고, 더 정확하고 자세히 관측하기 위해 많은 노력을 했어요.

▲ 첨성대의 바깥쪽

▲ 첨성대의 안쪽

어휘 알기 색칠한 낱말과 초성을 보고 뜻풀이에 알맞은 낱말을 ___에 쓰세요.

ㅂ ㅌ 보태고 더하는 일. 또는 보태어 돕는 일. ______

ㄱ ㅊ 나라의 일을 맡아보는 국가 기관. ______

ㄱ ㅊ 눈이나 기계로 자연 현상, 천체 따위를 관찰하여 측정하는 일. ______

독해력 기르기

01 이 글에서 설명한 천문 관측기구의 이름을 순서대로 쓰세요.

□□□ → □□□ → □□

02 이 글에서 설명한 내용으로 알맞지 않은 것에 × 하세요.

(1) 첨성대는 우리나라에서 가장 오래된 천문 관측기구이다 ( )

(2) 관상감은 조선 시대에 행성의 움직임을 관측하던 기구이다. ( )

(3) 혼천의는 행성의 움직임과 위치를 관측하던 기구이다. ( )

(4) 간의는 혼천의의 복잡한 구조를 간단하게 만든 기구이다. ( )

03 이 글을 읽고 알 수 없는 것은 무엇인가요? ( )

① 옛날 사람들이 천체를 관측한 이유

② 간의를 만든 사람

③ 첨성대가 만들어진 시기

④ 관상감에서 하는 일

⑤ 첨성대를 만든 과학자

04 혼천의와 간의의 공통점과 차이점을 알맞게 말한 친구의 이름을 쓰세요.

( )

승헌: 혼천의와 간의 모두 행성의 움직임을 관측하는 기구인데, 간의는 구조가 더 간단하고 나중에 만들어진 기구야.

강현: 혼천의와 간의 모두 세종 대왕 때 만들어진 천문 관측기구로, 혼천의는 행성의 움직임을 관측하고, 간의는 행성의 위치를 관측하는 기구야.

05 이 글을 읽고 생각과 느낌을 알맞게 말하지 못한 친구에 ○ 하세요.

(1) 천체 관측을 위해 다양한 관측기구를 연구하고 발전시킨 조상들의 노력이 대단해!

(2) 세종 대왕은 한글뿐 아니라 우리나라의 과학도 크게 발전시킨 왕이라는 생각이 들어.

(3) 조상들이 천체를 관측하는 일을 중요하게 여겼다면 오늘날 천문학이 더욱 발전했을 텐데 아쉬워.

06 이 글의 내용을 요약했어요. 빈칸에 들어갈 알맞은 말을 쓰세요.

천문 관측 기구	첨성대	신라 시대 때 만들어진, 가장 오래된 천문 관측기구이다.
	혼천의	태양과 달 등 ①□□의 움직임과 위치를 관측하던 기구이다.
	간의	②□□□의 복잡한 구조를 간단하게 만든 기구이다.
천문 관측 기관	관상감	③□□ 시대 때 천문, 기후 등에 관한 일을 맡아보던 관청이다.

① ________ ② ________ ③ ________

어휘력 더하기

생김새를 나타내는 말

빈 곳에 들어갈 알맞은 낱말을 골라 선으로 이은 뒤, 각각의 낱말을 쓰세요.

둥그스름하다	네모지다	세모지다

빵 모양이	내 동생 얼굴이	첨성대 꼭대기 모양이
________	________	________

모양이 같은 말

밑줄 친 말에 알맞은 뜻을 찾아 선으로 이으세요.

(1) 내가 중요한 일을 맡다. • • (가) 어떤 일에 대한 책임을 지고 담당하다.

(2) 꽃향기를 맡다. • • (나) 코로 냄새를 느끼다.

토픽 한 줄 정리

조상들의 천문 관측기구 중 최고라고 생각하는 것은?

☐ 첨성대 ☐ 혼천의 ☐ 간의

왜냐하면 ________________________________

1일 사람이 된 쥐 11-13쪽

어휘 알기

멱살, 삼태기, 하소연하다

독해력 기르기

01 쥐　　02 (2) ○ (4) ○

03 ②

04 희원

05 (3) ○

06 ① 식구(가족) ② 진짜 ③ 가짜

어휘력 더하기

꾸며 주는 말 (1) 엎치락뒤치락 (2) 날름날름 (3) 냅다

헷갈리는 말 (1) 얘들아 (2) 애를 (3) 얘들이

| 독해력 기르기 |

01 이야기의 앞부분에 수백 년 묵은 쥐가 서 첨지의 손톱 발톱을 받아먹은 사실이 나오므로 서 첨지로 변한 것은 수백 년 묵은 쥐라는 것을 알 수 있습니다.

02 서 첨지가 부인과 말다툼을 한 것은 아니므로 (1)은 틀린 내용입니다. 가짜 서 첨지는 뻔뻔하게 진짜 행세를 하며 진짜 서 첨지를 집에서 몰아냈으므로 (3)도 틀린 내용입니다.

03 가족들은 서 첨지에게 집에 있는 농기구와 장독이 몇 개인지 물었고, 가짜가 먼저 올바르게 답하자 가짜를 진짜라고 오해했습니다.

04 가족들이 서 첨지를 때리며 내쫓았다는 내용은 나오지 않으므로 서 첨지 가족을 알맞게 판단하지 못한 친구는 희원입니다

05 서 첨지는 억울한 마음을 가족들에게 표현하며 쫓겨났기 때문에 (3)의 의견은 알맞지 않습니다.

06 서 첨지가 겪은 일을 중심으로 글의 내용을 요약해 봅니다.

| 어휘력 더하기 |

꾸며 주는 말 (1)은 엎어지고 뒤집어지는 모습을 나타내는 '엎치락뒤치락', (2)는 혀를 내밀며 음식을 먹는 모습을 나타내는 '날름날름', (3)은 공을 힘껏 걷어차는 모습을 나타내는 '냅다'가 알맞습니다.

헷갈리는 말 (1) 가까이 있는 아이들을 가리키며 말하는 상황이므로 '얘들아'가 알맞고, (2) 선생님이 혼낸 어떤 아이는 가까이 있지 않아도 의미가 성립하므로 '애를'이 알맞고, (3) 엄마에게 가까이에 있는 친구들을 소개하는 상황이므로 '얘들이'가 알맞습니다.

2일 진짜보다 좋은 가짜 15-17쪽

어휘 알기

가축, 현실, 배설물

독해력 기르기

01 가짜　　02 식물성 고기, 가상 현실

03 ①, ③, ⑤

04 가상 현실

05 효진

06 ① 식량 ② 환경 ③ 가상

어휘력 더하기

뜻을 더하는 말 동물(성), 정확(성)

모양이 같은 말 (1)-(나) (2)-(가)

| 독해력 기르기 |

01 이 글은 가짜가 좋지 않다고 여기는 경우가 많지만 진짜만큼 좋은 가짜도 있다고 설명하는 글입니다.

02 이 글은 진짜만큼 좋은 가짜의 예로 식물성 고기와 가상 현실을 제시했습니다.

03 식물성 고기를 먹으면 진짜 고기를 덜 먹을 수 있다고 했으므로 ②는 틀린 내용입니다. 식물성 고기는 사람들을 속이기 위한 것이 아니므로 ④도 틀린 내용입니다.

04 이 글에서 소방관과 우주 비행사가 가상 현실을 이용하여 실제처럼 훈련할 수 있다고 설명했으므로 빈칸에 공통으로 들어갈 말은 가상 현실입니다.

05 다른 나라의 모습을 구현한 테마파크와 햇빛의 기능을 구현한 LED 조명은 진짜만큼 좋은 가짜의 예로 알맞습니다. 가짜 석유는 좋지 않은 가짜의 예입니다.

06 이 글에서 진짜만큼 좋은 가짜가 있다고 설명하며 식물성 고기와 가상 현실을 예로 들었습니다. 이러한 글의 구조를 이해하고 글의 내용을 요약해 봅니다.

| 어휘력 더하기 |

뜻을 더하는 말 동물의 성질을 지닌 것을 나타내는 말은 '동물성'이고, 바르고 확실한 정도를 나타내는 말은 '정확성'입니다.

모양이 같은 말 모양은 같지만 뜻이 다른 '동형어'에 관한 문제입니다. (1)의 '척'은 꾸미는 거짓 태도나 모양을 나타내는 말이고, (2)의 '척'은 망설이지 않고 행동하는 모양을 나타냅니다.

3일 손오공의 재주

19-21쪽

어휘 알기

벼슬, 대군, 받아치다

독해력 기르기

01 ② 02 (1) × (2) × (3) ○ (4) ○

03 (2) ○

04 (1)-(나) (2)-(가)

05 ① 인간 ② 털 ③ 뒤

어휘력 더하기

뜻이 비슷한 말 주춤대다-멈칫대다, 변신하다-둔갑하다, 맞붙다-겨루다

단위를 나타내는 말 (1) 가닥 (2) 벌

| 독해력 기르기 |

01 이 글은 상상력을 바탕으로 쓴 손오공의 모험 이야기입니다. 실제로 일어날 수 있는 일이 아니므로 ②의 설명이 알맞지 않습니다.

02 손오공은 옥황상제가 벼슬을 줬지만 거절했고, 옥황상제의 부하는 나타 태자이므로 (1)은 알맞지 않습니다. 손오공은 자신과 똑같은 가짜를 만들어 나타 태자를 물리쳤으므로 (2)도 알맞지 않습니다.

03 손오공은 옥황상제의 부하인 나타 태자와 겨루어 물리쳤으므로, 옥황상제와 싸웠다고 잘못 이해하고 말한 (2)의 의견은 알맞지 않습니다.

04 (1) 손오공이 나타 태자와 똑같은 모습으로 변신하여 싸우자 둘이 똑같이 공격하여 승부가 나지 않았습니다. (2) 손오공이 털을 뽑아 가짜 손오공을 만들자 나타 태자는 누가 진짜 손오공인지 헷갈려서 가짜를 공격했고, 결국 손오공이 나타 태자를 이겼습니다.

05 손오공에게 일어난 일을 중심으로 글의 내용을 요약해 봅니다.

| 어휘력 더하기 |

뜻이 비슷한 말 '주춤대다', '멈칫대다' 모두 망설이며 머뭇거리는 행동을 나타내는 말입니다. '변신하다'는 몸의 모양을 다른 것으로 바꾸는 것으로 '둔갑하다'와 비슷한 말입니다. '맞붙다'와 '겨루다'는 모두 승부를 다투는 행동을 나타내는 말입니다.

단위를 나타내는 말 (1) 털을 세는 단위는 '가닥', (2) 옷을 세는 단위는 '벌'입니다.

4일 가상 인간이 많아져도 괜찮을까?

23-25쪽

어휘 알기

합성, 말벗, 긍정적

독해력 기르기

01 (1)-(나) (2)-(가)

02 (1) ○ (2) ○ (3) ×

03 (1) ○

04 (3) ○

05 ① 가상 ② 장소 ③ 범죄

어휘력 더하기

뜻이 비슷한 말 정중앙, 중심, 한복판, 중앙

어울려 쓰는 말 (1) ◎ (2) ⊠ (3) ◎ (4) ◎

| 독해력 기르기 |

01 해영은 가상 인간이 늘어나는 것에 대해 긍정적으로 생각했고, 호준은 부정적으로 생각했습니다.

02 (3)은 다른 사람의 얼굴이나 신체를 몰래 이용하여 만든 가상 인간이 범죄에 이용될 수 있다며, 가상 인간에 대해 부정적인 의견을 가진 호준이 한 말에 있는 내용입니다.

03 호준은 사람들이 자신과 가상 인간을 비교해 스스로에 대해 불만을 갖고 불행해지는 것을 걱정했으므로 (2)의 설명은 알맞지 않습니다.

04 (3)은 근거 없는 자신의 추측만으로 호준의 의견이 잘못되었다고 평가했으므로 바르지 않습니다. 다른 사람의 의견에 반대할 때에는 그 의견이 잘못되었다고 밝힐 수 있는 타당한 근거를 들어 자신의 의견을 말해야 합니다.

05 이 글은 가상 인간이 많아져도 괜찮을지에 대한 긍정적 의견과 부정적 의견을 나눈 토론문입니다. 논제에 대한 긍정적 의견과 부정적 의견을 중심으로 글의 내용을 요약해 봅니다.

| 어휘력 더하기 |

뜻이 비슷한 말 '정중앙, 중심, 한복판, 중앙' 모두 '한가운데'와 뜻이 비슷한 말이고, '가장자리', '끝부분'은 뜻이 반대인 말입니다.

어울려 쓰는 말 '별로'는 부정을 뜻하는 말과 함께 쓰여 '그다지 특별하게'라는 뜻을 나타냅니다. (2)는 '환자의 증세가 별로 나아지지 않고 있다.'라고 써야 알맞습니다.

5일 진짜와 똑같은 가짜를 막는 일 27-29쪽

어휘 알기

발행, 홍채, 입국

독해력 기르기

01 위조 02 (1)-(가) (2)-(나)

03 (2) ×

04 (1)-(가) (2)-(나)

05 서하

06 ① 기술 ② 전자 ③ 지폐

어휘력 더하기

뜻을 더하는 말 (오천 원)권, (만) 원권, 오만 (원)권

뜻이 여러 개인 말 (1) ② (2) ③ (3) ①

| 독해력 기르기 |

01 이 글은 여권 위조를 막는 기술과 위조 화폐를 막기 위한 다양한 기술에 대해 알려 주고 있습니다.

02 세 번째 문단에 위조지폐에 대한 내용이 나오고, 두 번째 문단에 여권에 대한 설명이 나옵니다.

03 마지막 문단에서 위조를 막기 위한 노력 덕분에 위조 범죄가 점차 줄어들고 있다고 했으므로 (2)가 알맞지 않습니다.

04 위조 여권 범죄가 늘자 전자 여권을 사용하게 되었다는 설명이 나와 있습니다. 또 지폐를 정교하게 위조할 수 있게 되자 지폐에 10개가 넘는 위조 방지 장치를 숨겨 놓아 함부로 복사할 수 없도록 만들었다는 설명이 나와 있습니다.

05 복사기 성능이 좋아졌지만, 이 글에서 설명한 위조 방지 장치들은 복사를 해도 똑같이 나타나지 않는다고 설명했으므로 서하는 이러한 내용을 바르게 이해하지 못하고 말한 것입니다.

06 여권 위조를 막기 위한 방법과 지폐 위조를 막기 위한 방법으로 나누어 설명한 글의 구조를 이해하며 요약해 봅니다.

| 어휘력 더하기 |

뜻을 더하는 말 액수 뒤에 '권'을 붙이면 지폐를 나타내는 말이 됩니다. 우리나라 화폐 단위인 '원'은 액수와 띄어 쓰고, '권'은 붙여 씁니다.

뜻이 여러 개인 말 (1)은 언니가 예쁘게 모양내고 꾸몄다는 의미이므로 ②의 뜻입니다. (2)는 아이들이 계획을 짜고 만드는 것을 의미하므로 ③의 뜻입니다. (3) 음식 모형은 가짜 음식을 진짜인 것처럼 꾸며서 만든 것이므로 ①의 뜻입니다.

1일 라마 왕자 이야기 33-35쪽

어휘 알기

납치, 은총, 넘실대다

독해력 기르기

01 (3) ×

02 디왈리 03 ③

04 ⑤

05 (2) ○

06 ① 라바나 ② 랑카 ③ 빛

어휘력 더하기

뜻을 더하는 말 저마다, 집집마다

관용 표현 (1) 발 벗고 (2) 닥치는

| 독해력 기르기 |

01 라마 왕자는 시타를 되찾은 후 코살라 왕국으로 돌아가 모든 백성들의 환영을 받았으므로 (3)이 알맞지 않은 내용입니다.

02 이 글은 인도에서 열리는 빛의 축제인 디왈리가 어떻게 시작되었는지에 관한 이야기입니다.

03 힌두교의 신 비슈누의 아들은 라마 왕자이므로 라바나에 대한 설명으로 알맞지 않은 것은 ③입니다.

04 ㉤은 라마가 코살라 왕국으로 돌아온 날을 의미하는 것으로 ⑤의 설명이 알맞지 않습니다.

05 라마 왕자가 왕국을 떠났던 것은 왕의 자리에 욕심이 없었기 때문으로, 어리석은 행동이라고 할 수는 없습니다. 그러므로 (2)의 감상이 알맞지 않습니다.

06 라마 왕자가 코살라 왕국을 떠나고, 랑카섬에서 라바나를 물리친 후 다시 코살라 왕국으로 돌아온 시간의 흐름에 따라 글의 내용을 요약해 봅니다.

| 어휘력 더하기 |

뜻을 더하는 말 누구나 각각 잘하는 것이 있다는 의미로 빈칸에 들어갈 말은 '저마다'이고, 모든 집마다 사람들이 불을 밝혔다는 의미로 빈칸에 들어갈 말은 '집집마다'입니다.

관용 표현 관용 표현이란 두 개 이상의 낱말로 이루어져 특수한 의미를 나타내는 표현이라는 것을 이해하고, 제시된 관용 표현이 문장 속에서 어떻게 쓰이는지 익힙니다.

2일 축제의 시작 37-39쪽

어휘 알기

평원, 사냥, 도시 국가

독해력 기르기

01 사냥, 감사

02 (1) ○ (2) ○ (3) ×

03 ①

04 (1) ×

05 (3) ○

06 ① 축제 ② 사냥 ③ 올림피아드

어휘력 더하기

낱말의 반대말 마치다-시작하다, 잡다-놓다, 머무르다-떠나다

뜻이 비슷한 말 (1) 이곳저곳 (2) 한군데

| 독해력 기르기 |

01 이 글의 두 번째 문단에 옛날에 축제를 하게 된 까닭이 나와 있습니다.

02 이 글에는 축제를 하게 된 까닭, 축제가 어떻게 변해 왔는지에 대한 설명이 나와 있습니다. 우리나라의 최초의 축제에 대한 정보는 나와 있지 않습니다.

03 4년에 한 번 올림피아드 평원에 모여 축제를 열었다는 설명이 나와 있으므로 ①이 바르지 않습니다.

04 ㉠은 축제를 통해 사람들이 결속력을 다지고, 동질감을 느낄 수 있음을 의미합니다. 한 사람만 즐겁게 논다는 뜻이 아니므로 (1)이 알맞지 않습니다.

05 지역 축제, 올림픽 등 축제마다 특별한 의미가 있고, 사람들을 결속시키는 가치가 있으므로 (3)은 오늘날 축제의 의미를 바르게 이해하지 못하고 말한 의견입니다.

06 축제가 어떻게 시작되었고, 축제가 점차 어떻게 변했는지를 중심으로 글의 내용을 요약해 봅니다.

| 어휘력 더하기 |

낱말의 반대말 '마치다'는 '어떤 일이 끝나다.'라는 뜻이므로 반대말은 '시작하다'입니다. '잡다'의 반대말은 '잡고 있던 물건이 손 밖으로 빠져나가다.'라는 뜻을 지닌 '놓다'입니다. '머무르다'의 반대말은 '다른 곳으로 옮기다.'라는 뜻을 지닌 '떠나다'입니다.

뜻이 비슷한 말 '곳곳', '이곳저곳'은 모두 여러 장소를 뜻하는 말입니다. '한곳', '한군데'는 어떤 일정한 곳을 뜻하는 말입니다.

3일 허 도령과 하회탈 41-43쪽

어휘 알기

하인, 금줄, 산신령

독해력 기르기

01 (1) ○ (2) ○ (3) × (4) ○

02 전염병

03 (2) ○

04 서아

05 (2) ○

06 ① 하회탈 ② 처녀 ③ 이매탈

어휘력 더하기

뜻이 비슷한 말 퍼지다-돌다, 없애다-물리치다

뜻이 여러 개인 말 (1) ① (2) ② (3) ①

| 독해력 기르기 |

01 허 도령이 하회탈을 만들었다는 이야기로, 하회탈이 허 도령의 얼굴을 본떠 만든 것이라는 내용은 나오지 않습니다.

02 허 도령이 하회탈을 만든 까닭은 꿈에 산신령이 나타나 탈을 만들면 마을의 전염병을 물리칠 수 있다고 말했기 때문입니다.

03 산신령은 허 도령에게 탈을 완성하기 전에 누구에게도 그 모습을 보이면 안 된다고 했습니다. 그러나 마을 처녀가 허 도령을 보았기 때문에 허 도령은 죽게 되었고, 마지막으로 만들던 이매탈의 턱이 완성되지 못했습니다.

04 허 도령은 마을 사람들을 위해 산신령의 말을 들을 수밖에 없는 상황이었으므로, 허 도령의 잘못이라고 생각한 서아의 감상이 알맞지 않습니다.

05 하회탈은 남자, 여자, 늙은이, 젊은이 가리지 않고 다양한 얼굴 모습을 표현했다고 했으므로 (1)은 하회탈을 잘못 이해하고 말한 것입니다.

06 이야기의 흐름에 따라 글의 내용을 요약해 봅니다.

| 어휘력 더하기 |

뜻이 비슷한 말 '퍼지다', '돌다' 모두 전염병이 '넓은 범위에 영향을 미치다'라는 뜻입니다. '전염병을 없애다.'라는 문장은 '전염병을 극복하고 없애 버리다.'라는 의미이므로 '없애다'는 '물리치다'와 비슷한 말입니다.

뜻이 여러 개인 말 (1)과 (3)은 밖에서 안을 본다는 뜻으로 쓰였고, (2)는 시험지를 자세히 살핀다는 뜻으로 쓰였습니다.

4일 강릉 단오제

45-47쪽

어휘 알기

굿, 약효, 문화유산

독해력 기르기

01 단오제 02 (1) × (2) ○ (3) × (4) ○

03 (1)-㈏ (2)-㈎

04 ③

05 (3) ○

06 ① 단오제 ② 제사 ③ 풍습

어휘력 더하기

합쳐진 말 (1) 창포, 물 (2) 민속, 놀이 (3) 문화, 유산

헷갈리는 말 (1) 짙다 (2) 짓다 (3) 짙게

| 독해력 기르기 |

01 이 글은 천 년 동안 이어 온 우리나라의 전통 축제인 단오제에 대해 설명하는 글입니다.

02 (1) 부채 만들기 체험은 오늘날 강릉 단오제에서 조상들의 풍습을 체험해 보기 위한 행사로 조상들이 했던 일은 아닙니다. 조상들은 단옷날, 쑥이나 수리취를 넣어 떡을 지어 먹었으므로 (3)도 알맞지 않습니다.

03 단오선은 단옷날 주고받는 부채이고, 창포물은 창포라는 풀을 우려낸 물입니다.

04 강릉 단오제에서 관노 가면극 공연을 볼 수 있지만, 사람들이 직접 체험할 수 있다는 설명은 나와 있지 않으므로 ③의 설명이 알맞지 않습니다.

05 단오제는 오랜 역사와 전통을 가진 우리나라의 대표 민속 축제로, 우리나라의 다양한 전통문화를 알아보고 체험할 수 있습니다. 따라서 강릉 단오제가 특별하지 않다는 (3)의 생각은 알맞지 않습니다.

06 단오제가 무엇이고, 단오제에서 무엇을 하는지를 중심으로 글의 내용을 요약해 봅니다.

| 어휘력 더하기 |

합쳐진 말 합쳐진 말은 둘 이상의 낱말이 합쳐져 하나의 낱말을 이룬 것을 뜻합니다.

헷갈리는 말 발음이 비슷하여 헷갈리는 낱말들의 뜻을 알아보고, 문장에 들어갈 알맞은 말을 찾아봅니다.

5일 삼바 축제, 리우 카니발

49-51쪽

어휘 알기

노예, 경연, 인디오

독해력 기르기

01 (1) ○

02 (3) ○ (4) ○

03 ②

04 주하

05 ① 카니발 ② 삼바 ③ 퍼레이드

어휘력 더하기

뜻이 비슷한 말 (1) 구경거리, 구경감 (2) 본래, 본디, 처음에

날짜를 세는 우리말 (1) 닷새 (2) 사흘

| 독해력 기르기 |

01 이 글은 리우 카니발의 삼바에 대해 설명하고 있습니다.

02 리우 카니발은 2월 말부터 3월 초에 열리므로 (1)은 알맞지 않습니다. 리우 카니발은 브라질의 리우데자네이루에서 열리므로 (2)도 알맞지 않습니다.

03 이 글에서는 삼바 학교가 언제 생겨났는지에 대해서는 언급하지 않았으므로 이 글을 통해 알 수 없는 것은 ②입니다.

04 이 글에서 리우 카니발을 대표하는 것은 브라질의 전통 음악이자 춤인 삼바라고 설명했습니다. 또한 삼바는 브라질 사람들뿐 아니라, 전 세계인의 눈과 귀를 사로잡았다고 했으므로 이러한 전통을 지켜 나가는 것이 무엇보다 중요합니다. 그러므로 리우 카니발에서 삼바 대신 다른 춤을 만들어야 한다는 주하의 의견은 알맞지 않습니다.

05 리우 카니발을 대표하는 삼바와 삼바 퍼레이드를 설명하는 내용을 요약해 봅니다.

| 어휘력 더하기 |

뜻이 비슷한 말 '구경감'과 '구경거리'는 구경할 만한 대상이라는 뜻으로 '볼거리'와 비슷한 뜻의 낱말입니다. '원래', '처음에', '본래', '본디' 모두 '처음부터'를 뜻하는 낱말들입니다.

날짜를 세는 우리말 (1) 초등학생들은 일주일에 5일 학교를 가므로 5일을 뜻하는 우리말은 '닷새'입니다. (2) 이틀이 지난 다음 날을 뜻하므로 사흘이 알맞습니다.

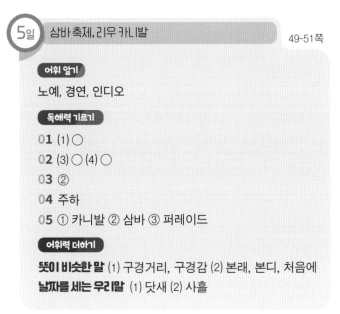

1일 삼 년 고개 55-57쪽

어휘 알기

고개, 돌부리, 웃음꽃, 용하다

독해력 기르기

01 삼 년 고개 02 ③
03 (2) ○ (3) ○ 04 (1)-(개) (2)-(나)
05 (1) ○
06 ① 고개 ② 막내아들 ③ 삼

어휘력 더하기

어울려 쓰는 말 (1) ○ (2) ○ (3) ×
복잡한 받침이 들어간 말 (1) 얇은 (2) 앓고 (3) 앓았다 (4) 앉았다

2일 나라마다 다른 시간 59-61쪽

어휘 알기

자전, 속도, 천문대

독해력 기르기

01 시차
02 ③ 03 (3) ×
04 준우
05 (1) ○
06 ① 시차 ② 속도 ③ 그리니치

어휘력 더하기

시(時)가 들어간 낱말 시(계), 시(간표)
뜻이 여러 개인 말 (1) ① (2) ② (3) ①

| 독해력 기르기 |

01 이 글에서 김 서방이 앓아눕게 된 까닭은 삼 년 고개에서 넘어졌기 때문입니다.
02 김 서방이 삼 년 고개에서 넘어졌을 때 죽을 날이 멀지 않았다고 생각해서 앓아눕게 된 것이므로 ③이 알맞지 않습니다.
03 ㉠은 김 서방이 어차피 오래 살 수 없으니 밥을 먹어도 소용없다는 의미이지, 밥을 먹을 자격이 없다고 생각하고 한 말은 아니므로 (1)이 알맞지 않습니다.
04 처음에 김 서방이 삼 년 고개에서 실수로 넘어졌을 때 다친 곳은 없었지만 앓아눕게 됩니다. 막내아들의 지혜로운 생각으로 삼 년 고개에서 여러 번 넘어지며 김 서방은 병이 낫게 됩니다.
05 막내아들의 생각으로 김 서방은 병이 낫고 행복하게 살게 되었으므로 (1)은 이야기 내용을 잘못 파악하고 말한 감상입니다.
06 김 서방에게 어떤 문제가 생겼고, 그 문제를 어떻게 해결했는지를 중심으로 글의 내용을 요약해 봅니다.

| 어휘력 더하기 |

어울려 쓰는 말 '사이'는 주로 '없다'와 함께 쓰이는 말입니다. (3)에서는 '사이'를 '있게'와 함께 썼으므로 알맞지 않습니다.

복잡한 받침이 들어간 말 (1)에는 옷과 어울리는 말로 '얇은'이 알맞습니다. (2)에는 배탈과 어울리는 말로 '앓고'가 알맞습니다. (3)에는 김 서방이 아프다는 뜻의 말이 들어가야 하므로 '앓았다'가 맞고, (4)에는 의자와 어울리는 말로 '앉았다'가 알맞습니다.

| 독해력 기르기 |

01 이 글은 시차의 개념과 나라마다 시차가 생기는 이유를 설명하는 글입니다.
02 이 글의 첫 부분에서 우리나라가 낮 열두 시일 때 브라질은 밤 열두 시라고 했으므로 알맞지 않은 설명은 ③입니다.
03 이 글에는 세계 표준시를 영국 그리니치 천문대로 정했다는 설명이 나오지만, 그곳으로 정한 까닭에 대한 설명은 나와 있지 않으므로 이 글을 통해 알 수 없는 것은 (3)입니다.
04 세계 표준시의 기준을 정하고, 나라마다 정해진 표준시를 이용하기 때문에 나라 간 시차를 쉽게 파악할 수 있게 되었습니다. 그러므로 이것을 복잡해진 것으로 이해한 준우의 생각이 알맞지 않습니다.
05 우리나라는 모든 지역이 같은 표준시를 이용한다고 했으므로 (2)는 알맞지 않습니다.
06 글의 내용을 처음, 가운데, 끝의 세 부분으로 요약해 봅니다.

| 어휘력 더하기 |

시(時)가 들어간 낱말 시간과 관련된 낱말에 '때 시(時)' 자가 들어가는 경우가 많습니다.

뜻이 여러 개인 말 (1)은 날이 저물어 하늘이 어두운 상태를 의미하므로 ①의 뜻으로 쓰였습니다. (2)는 미래가 불확실하고 힘든 상태를 의미하므로 ②의 뜻으로 쓰인 것입니다. (3)에서 밤은 까맣게 어두운 것이므로 ①의 뜻으로 쓰였습니다.

3일 미래에 간 스크루지 63-65쪽

어휘 알기

독촉, 성금, 장례식

독해력 기르기

01 (1) ○ (2) × (3) ×

02 이서　03 ㉰ → ㉯ → ㉮

04 (1)-㈏ (2)-㈎

05 (2) ○

06 ① 크리스마스 ② 미래 ③ 스크루지

어휘력 더하기

꾸며 주는 말 (1) 싹 (2) 제발

어울려 쓰는 말 (1) 없었다 (2) 안 왔다 (3) 있다

| 독해력 기르기 |

01 미래에서 스크루지가 죽었어도 슬퍼하는 이가 없었으므로 (2)는 틀린 내용입니다. 미래의 유령을 만난 후에 스크루지는 자신의 행동을 변화시켰으므로 (3)도 틀린 내용입니다.

02 ㉠은 스크루지에게 시달리던 가난한 부부가 안도하고 기뻐하며 흘리는 눈물이고, ㉡은 스크루지가 자신의 행동을 반성하고 후회하며 흘리는 눈물입니다.

03 크리스마스 전날 밤, 미래의 유령이 스크루지를 찾아옵니다. 유령과 함께 간 미래에서 스크루지는 상인들이 옷을 팔며 구두쇠 영감에 대해 이야기 나누는 것을 듣습니다. 그리고 교회 묘지에 있는 무덤에서 자신의 이름을 보고 깜짝 놀라게 됩니다.

04 스크루지는 원래 사람들에게 불친절하고 고약하게 행동했습니다. 하지만 미래에 가서 자신의 모습을 보고 난 후 다른 사람들을 대하는 태도를 바꾸게 됩니다.

05 스크루지는 미래에서 자신의 비참한 미래를 보게 된 상황이므로 (2)는 이야기 내용을 잘못 파악하고 말한 감상입니다.

06 스크루지에게 벌어진 일을 중심으로 글의 내용을 요약해 봅니다.

| 어휘력 더하기 |

꾸며 주는 말 (1) 상인들이 스크루지의 옷을 남기지 않고 모두 벗겨 왔다는 뜻이므로 '싹'을 넣는 것이 알맞습니다. (2) 스크루지가 유령에게 부탁하는 상황이므로 '제발'을 넣어 꾸며 주는 것이 알맞습니다.

어울려 쓰는 말 (1)과 (2) '아무도' 뒤에는 부정 표현이 옵니다. (3) '아무라도' 뒤에는 긍정 표현이 옵니다.

4일 서울 천 년 타임캡슐 67-69쪽

어휘 알기

수도, 시대, 진공

독해력 기르기

01 ④　02 (1) ○ (3) ○

03 (1) 한옥 (2) 서울 (3) 종

04 진아　05 (1) ○

06 ① 타임캡슐 ② 서울 ③ 미래

어휘력 더하기

낱말의 반대말 (1) 꺼내다, 빼다 (2) 조상, 선조 (3) 불안전, 위험

올바른 발음 (1) 너타 (2) 파라타 (3) 노치 (4) 사이조케

| 독해력 기르기 |

01 이 글에는 타임캡슐의 정의, 서울 천 년 타임캡슐을 묻은 시기와 장소, 타임캡슐 안에 넣은 물건들, 타임캡슐의 의미에 대한 내용이 담겨 있습니다. 타임캡슐의 문제점에 대한 내용은 들어 있지 않으므로 ④가 알맞지 않습니다.

02 타임캡슐은 한 시대를 대표하는 것들을 보관하여 먼 미래 사람들에게 전달할 수 있게 하는 것으로, 과거로 전달한다는 (2)의 설명은 알맞지 않습니다.

03 (1)의 내용은 이 글의 첫 번째 문단에 나와 있습니다. (2)와 (3)의 내용은 두 번째 문단에 나옵니다.

04 이 글에 타임캡슐은 특수 재질로 만들어져 그 안의 물품들을 안전하게 보관할 수 있다는 설명이 나옵니다. 따라서 창엽의 의견은 알맞지 않습니다.

05 타임캡슐은 현재의 물건을 안전하게 보관하여 미래 후손들에게 전달할 수 있는 방법으로, 미래에 과거 물건을 직접 보고 연구하는 데 큰 도움을 줍니다. 따라서 (2)의 느낌은 알맞지 않습니다.

06 서울 천 년 타임캡슐의 의미를 중심으로 요약해 봅니다.

| 어휘력 더하기 |

낱말의 반대말 '넣다'의 반대말은 '꺼내다', '빼다'입니다. '후손'의 반대말은 '조상', '선조'이고, '안전'의 반대말은 '불안전', '위험'입니다.

올바른 발음 받침 'ㅎ' 뒤에 오는 'ㄱ', 'ㄷ', 'ㅈ'은 거센소리인 [ㅋ], [ㅌ], [ㅊ]으로 읽어야 합니다.

5일 시계의 역사

71-73쪽

어휘 알기

추, 태엽, 회중시계

독해력 기르기

01 (1)-(나) (2)-(가) (3)-(다)　02 윤호

03 ④　04 (3) ○

05 ① 그림자 ② 물시계 ③ 전지

어휘력 더하기

낱말 퍼즐

❶발	②전		
	지		
			②시
		❷기	계

틀리기 쉬운 말

(1) 그러고 나서

(2) 그러고 나서

(3) 그러고 나서

| 독해력 기르기 |

01 각 시계가 어떤 원리로 만들어졌는지 알아보고, 시계에 대한 설명을 알맞게 연결해 봅니다.

02 전자시계는 요즘 쓰는 시계의 형태이므로 과거의 시계에 대해 알려 주는 글이라고 이해한 이현의 의견은 잘못되었습니다. 이 글은 시계가 변화해 온 과정을 설명한 글이기 때문에 '시계의 역사'라는 제목을 붙인 것입니다.

03 가장 나중에 만들어진 시계는 ④ 전자시계입니다.

04 해시계, 물시계, 기계 시계, 전자시계가 만들어진 이유를 살펴보면 쓰기에 더 편리하고, 더 정확하게 시각을 재기 위해서라는 것을 알 수 있습니다. 이러한 노력은 최초에 시각을 재야 할 필요성을 알고 시계를 만들려고 했던 옛사람들의 도전 덕분에 가능했던 일입니다. 그러므로 (3)은 알맞지 않습니다.

05 각 시계의 특징을 중심으로 글의 내용을 요약해 봅니다.

| 어휘력 더하기 |

낱말 퍼즐 ❶ 풀이의 뜻을 만족시키면서 '전'으로 끝나는 낱말은 '발전'입니다. ② 풀이의 뜻을 만족시키면서 '계'로 끝나는 낱말은 '시계'입니다.

틀리기 쉬운 말 '그리고 나서'는 틀린 표기이고, '그러고 나서'가 올바른 표기입니다,

1일 북두칠성이 된 일곱 쌍둥이

77-79쪽

어휘 알기

길잡이, 하염없이, 자초지종

독해력 기르기

01 (1)-(나) (2)-(다) (3)-(가)

02 (1) ○ (2) ○ (3) × (4) ×

03 효은

04 (3) ○

05 ① 일곱 ② 사슴 ③ 북두칠성

어휘력 더하기

꾸며 주는 말 홀로, 문득

뜻이 여러 개인 말 (1) ① (2) ② (3) ③

| 독해력 기르기 |

01 칠성님은 일곱 아들을 별이 되게 합니다. 매화 부인은 일곱 아들이 위험에 빠진 것을 느끼고 아이들을 구하기 위해 연못에 몸을 던졌습니다. 용예 부인은 칠성님의 하늘 나라 아내로, 일곱 아들을 죽이려고 칠성님에게 거짓말을 했습니다.

02 칠성님이 하늘로 돌아가고 매화 부인 혼자 일곱 아들을 키웠으므로 (3)은 알맞지 않은 내용입니다. 칠성님이 용예 부인에게 가져간 것은 사슴의 간이므로 (4)도 알맞지 않은 내용입니다.

03 일곱 아들이 칠성님을 만나러 하늘에 간 까닭은 아버지가 궁금하고 만나고 싶었기 때문입니다. 따라서 인물의 행동에 대해 바르게 이해하지 못한 친구는 효은입니다.

04 용예 부인은 일곱 아들을 없애려다 벌을 받아 두더지로 변한 것입니다. (3)은 이야기를 잘못 이해하고 말한 감상이므로 알맞지 않습니다.

05 일곱 쌍둥이가 겪은 주요 사건들을 중심으로 전체 글의 내용을 요약해 봅니다.

| 어휘력 더하기 |

꾸며 주는 말 그림과 문장을 보며 상황에 알맞은 꾸며 주는 말을 넣어 봅니다.

뜻이 여러 개인 말 (1)은 나무 조각에 무늬를 파서 만들었다는 의미이므로 ①의 뜻으로 쓰였고, (2)는 책에 이름을 적었다는 의미이므로 ②의 뜻으로 쓰였고, (3)은 어머니 은혜를 잊지 않도록 기억한다는 의미이므로 ③의 뜻으로 쓰였습니다.

2일 별의 탄생과 죽음 81-83쪽

어휘 알기

티끌, 가스, 생명체

독해력 기르기

01 초신성
02 ㉯ → ㉮ → ㉰
03 탄생, 죽음
04 희재
05 ⑤
06 ① 초신성 ② 별 ③ 가스

어휘력 더하기

뜻이 비슷한 말 다하다-끝나다, 개최하다-열다

올바른 띄어쓰기 (1) 수백만∨년의 (2) 수백만∨명이 (3) 수백만∨원에

| 독해력 기르기 |

01 별이 죽음을 맞이할 때 엄청난 열과 빛을 내며 폭발하는 것을 초신성이라고 합니다.

02 우주 공간의 티끌과 가스가 뭉쳐지고, 가스 덩어리 중심 부분의 온도가 올라가 일천만 도 이상이 되면 성분이 바뀌면서(핵융합 과정) 스스로 빛을 내는 별이 됩니다.

03 이 글은 '시민과 함께 보는 초신성 폭발 순간' 행사가 열린 것을 소개하면서 별이 탄생하고 죽음을 맞이하는 과정을 알려 주는 기사문입니다.

04 이 글에서 별이 죽음을 맞이할 때 엄청난 열과 빛을 낸다고 했습니다. 희재는 이러한 내용을 제대로 이해하지 못하고 말한 것입니다.

05 이 글에서 별의 탄생 후 초신성 폭발까지 어느 정도의 시간이 걸리는지는 나와 있지 않습니다. 그러므로 알맞지 않은 내용은 ⑤입니다.

06 이 글에서 전달하는 주요 내용을 중심으로 글의 내용을 요약해 봅니다.

| 어휘력 더하기 |

뜻이 비슷한 말 '다하다'는 어떤 것이 끝난 상태를 의미하는 말이므로 '끝나다'와 뜻이 비슷합니다. '개최하다'는 모임이나 회의 등을 연다는 의미로, '열다'와 뜻이 비슷합니다.

올바른 띄어쓰기 수를 나타내는 말과 단위를 나타내는 말 사이는 띄어 써야 합니다.

3일 별들이 만드는 모양, 별자리 85-87쪽

어휘 알기

범람, 무리, 유목민

독해력 기르기

01 별자리
02 (1) ○ (2) ○
03 ④
04 (1) ○
05 리원
06 ① 별자리 ② 방향 ③ 계절

어휘력 더하기

이름을 나타내는 말 (1) 수성 (2) 지구 (3) 목성

올바른 표기 (1) ◎ (2) ◎ (3) ☒

| 독해력 기르기 |

01 이 글은 별자리에 대해 설명하는 글이므로 제목의 빈칸에 어울리는 말은 별자리입니다.

02 이 글의 세 번째 문단에 선원들이나 유목민들은 별자리로 길과 방향을 알아냈다는 설명이 나와 있습니다. 유목민들이 별자리로 미래를 예측했다는 설명은 나와 있지 않으므로 (3)은 알맞지 않습니다.

03 각 계절의 밤 9시경에 남쪽 하늘에서 잘 보이는 별자리를 그 계절의 대표 별자리라고 했으므로 알맞지 않은 것은 ④입니다.

04 이 글에 계절마다 보이는 별자리가 다르고, 여름에 보이는 대표 별자리는 백조자리라는 설명이 나와 있습니다. 따라서 봄에 백조자리를 찾겠다고 말한 (1)이 알맞지 않습니다.

05 이 글에 오늘날 사람들이 별자리를 이용하는 방법은 나오지 않고, 계절을 대표하는 별자리의 모양을 설명하는 내용도 나와 있지 않으므로, 이 글의 주요 내용을 바르게 말한 친구는 리원입니다.

06 별자리의 개념과 옛사람들이 별자리를 이용한 방법을 중심으로 글의 내용을 요약해 봅니다.

| 어휘력 더하기 |

이름을 나타내는 말 태양 주변을 도는 태양계 행성의 이름을 알아봅니다.

올바른 표기 '해아리다'는 틀린 표기이고, '헤아리다'가 올바른 표기입니다.

4일 갈릴레오 갈릴레이

89-91쪽

어휘 알기

천체, 위성, 성직자

독해력 기르기

01 ㉰→㉮→㉯

02 (2) ○ 03 ③

04 새아

05 (2) ○

06 ① 망원경 ② 태양 ③ 재판

어휘력 더하기

뜻이 비슷한 말 주변, 주위(둘 다 가능)

헷갈리는 말 (1) 뗄 (2) 때니 (3) 떼지

| 독해력 기르기 |

01 갈릴레이는 천체를 볼 수 있는 망원경을 만든 후에 목성 주위를 돌고 있는 위성을 발견합니다. 하지만 태양이 지구 주변을 돌고 있다고 믿었던 성직자들에게 종교 재판을 받게 됩니다.

02 이 글은 갈릴레이가 망원경을 만들고, 천체를 관측하여 목성 주위를 돌고 있는 위성을 발견하는 과정에 대한 이야기입니다. 따라서 이 글을 읽고 알 수 있는 것은 (2)입니다.

03 이 글에는 갈릴레이가 천체를 관측하고 탐구하는 모습이 나타나 있습니다. 이를 통해 갈릴레이가 호기심이 많고 탐구하는 것을 좋아한다는 것을 짐작할 수 있습니다.

04 갈릴레이는 새로운 우주 법칙을 발견했으나 성직자들의 반대를 극복할 수 없는 어려움을 겪었습니다. 따라서 이러한 갈릴레이의 어려움을 알맞게 파악한 친구는 새아입니다.

05 갈릴레이가 살던 시절에는 성직자들뿐 아니라 태양이 지구를 돌고 있다고 믿는 사람들이 더 많았습니다. (2)는 이러한 내용을 잘못 이해하고 말한 감상이므로 알맞지 않습니다.

06 갈릴레이가 겪은 일을 중심으로 글의 내용을 요약해 봅니다.

| 어휘력 더하기 |

뜻이 비슷한 말 '둘레'와 비슷한 말은 '주변', '주위'입니다.

헷갈리는 말 (1)과 (3)은 눈으로 지켜보던 것을 그만둔다는 의미이므로 '떼다'가 알맞고, (2)는 불을 지핀다는 의미이므로 '때다'가 알맞습니다.

5일 우리 조상들의 천문 관측 방법

93-95쪽

어휘 알기

보탬, 관청, 관측

독해력 기르기

01 첨성대, 혼천의, 간의

02 (2) × 03 ⑤

04 승헌

05 (3) ○

06 ① 행성 ② 혼천의 ③ 조선

어휘력 더하기

생김새를 나타내는 말 세모지다, 둥그스름하다, 네모지다

모양이 같은 말 (1)-㈎ (2)-㈏

| 독해력 기르기 |

01 이 글에서는 우리나라에서 가장 오래된 천문 관측기구인 첨성대부터 조선 시대 때 만들어진 혼천의, 간의에 대해 설명했습니다.

02 관상감은 조선 시대에 천문, 기후 등에 관한 일을 맡아보던 관청입니다. 따라서 알맞지 않은 내용은 (2)입니다.

03 이 글을 통해 첨성대가 어느 시대에 만들어졌는지는 알 수 있지만, 누가 만들었는지는 알 수 없습니다. 따라서 이 글을 통해 알 수 없는 것은 ⑤입니다.

04 혼천의와 간의 모두 행성의 움직임과 위치를 관측하는 기구이므로 강현의 말은 알맞지 않습니다.

05 이 글에 예로부터 천문 관측을 매우 중요하게 여겼다는 설명이 있습니다. 따라서 (3)은 이러한 내용을 잘못 이해하고 말한 감상이므로 알맞지 않습니다.

06 조상들의 천문 관측기구와 천문 관측 기관을 중심으로 글의 내용을 요약해 봅니다.

| 어휘력 더하기 |

생김새를 나타내는 말 세모난 모양은 '세모지다', 둥근 모양은 '둥그스름하다', 네모난 모양은 '네모지다'라고 표현합니다.

모양이 같은 말 형태는 같으나 뜻이 서로 다른 낱말에 관한 문제입니다. (1)은 어떤 일을 담당한다는 의미이므로 ㈎의 뜻으로 쓰였고, (2)는 꽃향기를 느낀다는 의미이므로 ㈏의 뜻으로 쓰였습니다.

메모